中学受験国語

記述問題の徹底攻略
演習編

若杉朋哉　著

はじめに

こんにちは。著者の若杉朋哉です。

本書『中学受験国語 記述問題の徹底攻略 **演習編**』（以下、「本書」と表記）は、既刊の『中学受験国語 記述問題の徹底攻略』の続編にあたる参考書です。今回、大幅な改訂を機に、既刊の『中学受験国語 記述問題の徹底攻略 基礎演習編』（以下、「基礎演習編」と表記）と『中学受験国語 記述問題の徹底攻略 発展編』（以下、「発展編」と表記）に加筆・修正を施しつつ、その内容を一冊にまとめました。

本書の主たるねらいは、大きく二つあります。

一つ目は、『記述問題の徹底攻略』で学んだ記述問題の書き方を使い、パターンごとの記述問題を数多く練習することによって実践的な力をつけることです。『記述問題の徹底攻略』が、記述問題の書き方の「理解」に重点を置いた参考書であるとすれば、本書はその「実践」に重きを置いた内容といえるでしょう。この記述パターン別の書き方の実戦練習は、主に『基礎演習編』の内容に当たります。

二つ目のねらいは、「文章の読み方」と「解答の整え方」を身につけ、「最難関中学」の入試問題にも対応できる記述力を身につけることです。これは主に『発展編』の内容にあたります。記述問題を解く前の段階——つまり、正しく本文を読むために、どこにマークをしながら読めばいいのかという「マークすべきところ」や、「抽象化」や「具体化」によってどのようにわかりやすい解答に整えるのかを詳しく説明しています。

このように、本書のねらいは、『記述問題の徹底攻略』の内容をふまえ、多くの実践練習を通して、記述問題への対応力をさらに高めることです。『記述問題の徹底攻略』を一通り勉強し終えた中学受験生が、記述問題の土台となる基礎的な記述力を養えることはもちろん、「最難関中学」の記述問題対策までできるようになっています。また、中学受験生が自分一人で読んで理解し、自分一人で問題演習に取り組むことができるように、なるべくわかりやすく書くことを心がけました。

本書『中学受験国語　記述問題の徹底攻略　**演習編**』が、記述力を高め、さらには記述問題を極めようという中学受験生のみなさんの一助になることを心より願っています。

二〇二三年春

著者

本書の効果的な使い方

本書『記述問題の徹底攻略　演習編』は、既刊の『記述問題の徹底攻略』の続編にあたる参考書です。『記述問題の徹底攻略』で示した「傍線部のルール」「解答のルール」「記述問題の四つのパターン別の書き方」を一通り理解した中学受験生が、さらなる問題演習を通して記述力を高めることを目的にして書かれています。ですから基本的には、『記述問題の徹底攻略』を終えてから本書に取り組むことをお勧めします。少なくとも、『記述問題の徹底攻略』で説明されている「傍線部のルール」「解答のルール」「記述問題の四つのパターン別の書き方」をある程度は理解してから本書に臨んでください。それでこそ本書は高い効果を発揮します。

本書は大別すると、次の二つのパートに分かれています。

❶〈第一章〉…『記述問題の徹底攻略』で「傍線部のルール」「解答のルール」「記述問題の四つのパターン別の書き方」を身につけた中学受験生が、**基本的な記述問題の書き方を身につけるためのパート**

❷〈第二章〉～〈第三章〉…「読み方の技術（論説文や物語文のマークすべき箇所）」を身につけ、**「最難関中学」の記述問題への応用力を養うためのパート**

「はじめに」でも書いたように、本書は旧刊の『基礎演習編』と『発展編』の内容を一冊にまとめ、加筆・修正したものです。おおよそ、❶が『基礎演習編』、❷が『発展編』の内容に当たります。

基本的には第一章から順に練習問題を解いていってください。練習問題をはじめて解く際には、問題部分のコピーを取り、そこに書き込みをしながら解くのがよいでしょう。

ここで大切なことは、『記述問題の徹底攻略』で学んだ「傍線部のルール」「解答のルール」「記述問題の四つのパターン」や、本書で学ぶ「論説文のマーク」「物語文のマーク」などを意識的に使いながら解くことです。「記述問題はいつもこう解く」という「型」を身につけてほしいと思います。これはいつも書くことですが、本書を読んで「わかる」ことと、実際に「できる」ことは全く違います。実際の問題の中で「できる」ようになってこそ、本書を読んだ意味があります。「解答・解説」では、「どのように頭を働かせて解けばいいのか」を、中学受験生が自分一人で読んでも理解できるように、できるだけわかりやすく書きました。繰り返し読み、また解き直しをすることによって、記述力を高めていってください。

目次

第一章 記述パターン練習

第二章　読み方の技術

第三章　発展問題練習

第一章 記述パターン練習

記述パターン❶　言いかえ問題

【練習問題1】次の文章を読んで後の問いに答えなさい。（二〇一四年　巣鴨中）

たとえば、アジアを旅するのに、目的はさほど重要ではない。アジア、とくに気候の暑い国は、旅人に目的を求めていない。むしろ、目的を奪いすらする。あの町にいってあの遺跡を見ようと思っていたけれど、まあいいや、暑いし、この町でも充分楽しいから。と、すぐにそんな気持ちにさせてしまう。そして、こちらがなんの目的もなく、ぼうっとした時間を過ごしていたとしても、かならず何か、旅を実感させるようなことが起きる。

だれかが話しかけてくる。似たような長期旅行者や、あるいはその町に住む人や。食事に誘ってくれたり、中心から離れた、たとえば川や湖や滝や、ディスコやお寺や市場に連れていってくれたりする。一日、なんの予定がなくとも、気がつけばそんなふうに過ごしている。ガイドブックには載っていない旅をしている。

（角田光代「世界中で迷子になって」小学館）

【問】傍線部「旅を実感させるようなことが起きる」とありますが、ここではどのようなことが起きるということですか。25字以内で答えなさい。

【練習問題1／解説】最初の練習問題ですから、特にていねいに考えていきましょう。
「旅を実感させること」とはどのようなことかを別のわかりやすい言葉で言いかえる《言いかえ問題》です。
《言いかえ問題》の解き方の手順にしたがって解いてみます。

《言いかえ問題》の解き方の手順
手順❶　傍線部をいくつかの部分に分ける。
手順❷　それぞれの部分を、別のわかりやすい言葉で言いかえる。
手順❸　❷でできた文を「わかりやすい解答」に整える。

手順❶　傍線部をいくつかの部分に分ける。

〈旅を実感させるようなことが／起きる。〉

手順❷　それぞれの部分を、別のわかりやすい言葉で言いかえる。

本問では〈旅を実感させるようなこと〉の部分を別のわかりやすい言葉で言いかえればＯＫです。
このとき、**なるべく本文の言葉を使うことが大切です**。本文の言葉がそのまま使えない場合には、本文の言葉をさらにわかりやすく言いかえて解答を作りましょう。
さて、〈旅を実感させるようなこと〉とはどのようなことでしょうか。

どこか本文に書いていないかなと探します。

すると、傍線部の直後にこうありますね。

・だれかが話しかけてくる。似たような長期旅行者や、あるいはその町に住む人や。食事に誘ってくれたり、中心から離れた、たとえば川や湖や滝や、ディスコやお寺や市場に連れていってくれたりする。（5～6行目）

〈旅を実感させてくれること〉とは、このことでしょう。

ですが、これをこのまま解答とすると、指定字数の25字以内を超えてしまいます。

ですから、この内容をさらにわかりやすく言いかえて解答を作る必要があります。

こういうときのコツは、

短く分けて考える

でしたね。ではやってみましょう。

・だれかが話しかけてくる。似たような長期旅行者や、あるいはその町に住む人や。

↓〈現地の人と話をすること〉

・食事に誘ってくれたり、中心から離れた、たとえば川や湖や滝や、ディスコやお寺や市場に連れていってくれたりする。

↓〈現地の人と出かけること〉

こんなふうに、短く分けて、短く言いかえればよいでしょう。

手順❸　❷でできた文を「わかりやすい解答」に整える。

❷で言いかえた〈現地の人と話をすること〉と、〈現地の人と出かけること〉をつなげて、「わかりやすい解答」にします。ただし、「どのようなこと」と問われているので、文末を「〜こと」にすることにも注意してください。（**解答のルール④　文末表現に注意する**）

こんな解答例はどうでしょうか。

【解答例】 現地の人と話をしたり、一緒に出かけたりすること。（24字）

易しすぎましたか？

傍線部のすぐ後ろに答えの根拠がありましたからね。

ただ、今回の問題の中で確認して欲しい、とても重要なことがあります。

それは、

本文に書いてあることをもとに解答を作ること。なるべく本文の言葉を活かして解答を作り、本文の言葉をそのまま使えない場合には、本文の言葉をわかりやすく言いかえること。

当たり前のことですが、こういう当たり前のことをいつも大切にして欲しいと思います。

【練習問題２】 次の文章を読んで後の問いに答えなさい。（二〇一九年　栄光学園）

絶対音感はともかくとしても、新生児は「あらゆる言語のいかなる複雑な発音」も聴き分けるという驚異的な聴覚を持っています。成長に伴って母国語にない発音、つまり聴くことのない音に対しては回路が薄れていきますが、さまざまな音を聞いている限り、「声に含まれる要素を聴き取る能力」は持ち続けています。

そのような聴覚の能力を、ほとんどの方は自覚的に使うことがありません。しかし私たちは「声という音」に含まれる要素を、ほぼ無意識裡にではありますが、確かに読み取っているのです。

声という音は、話し手のじつに多くの情報を含んでいます。どのような情報かというと、身長、体格、顔の骨格、性格、育成歴、体調から心理状態まで。つまり、その人のほぼすべてです。

（中略）

読み取る、読み取らないにかかわらず、声にはその人のすべてが出てしまうということは、ちょっと頭の片隅で覚えておいてください。じつのところ、<u>声はその人そのものなのです。</u>

（山﨑広子『声のサイエンス』ＮＨＫ出版　より）

【問】 傍線部「声はその人そのものなのです。」とありますが、それはどういうことですか。60字以内で説明しなさい。

【練習問題２／解説】 傍線部「声はその人そのものなのです。」をわかりやすい別の言葉で言いかえます。

手順❶　傍線部をいくつかの部分に分ける。

〈声は／その人そのものなのです〉

手順❷　それぞれの部分を、別のわかりやすい言葉で言いかえる。

本文を見ると、傍線部の直前にこうあります。

・声にはその人のすべてが出てしまう（9行目）

すると、傍線部「声はその人そのものなのです。」は、とりあえず、こんなふうに言いかえられそうですね。

〈声は／その人そのものなのです〉
←
〈声には／その人のすべてが出てしまう〉

ただ、これをこのまま使って、解答を「声にはその人のすべてが出てしまうこと。」などとしてもいいでしょうか？　ダメですよね。なぜかといえば、このままだと「その人のすべて」とは何かがよくわからないからです。

つまり、「わかりやすい解答」になっていないのですね。ですから、「その人のすべて」とは何か、さらにわかりやすい言葉で言いかえなくてはなりません。（**解答のルール②　指示語・比喩・わかりにくい表現は具体化して言いかえる**）

すると、本文の少し前にこうあるのが見つかります。

・声という音は、**話し手のじつに多くの情報**を含んでいます。どのような情報かというと、**身長、体格、顔の骨格、性格、育成歴、体調から心理状態まで**。つまり、その**人のほぼすべて**です。（6〜7行目）

右の太字部分に注目してください。これらによると、

・**話し手のじつに多くの情報　＝　身長、体格、顔の骨格、性格、育成歴、体調から心理状態まで　＝　その人のほぼすべて**

と述べていることがわかりますね。

つまり、「その人のすべて」をこの中の言葉でもっともわかりやすく言いかえるとすれば、

〈その人のすべて〉

←

〈身長、体格、顔の骨格、性格、育成歴、体調から心理状態まで、その人のほぼすべて〉

となりそうです。したがって、ここまでをまとめると、

〈声は／その人そのものなのです〉

〈声には／その人のすべてが出てしまう〉
↓
〈声には／身長、体格、顔の骨格、性格、育成歴、体調から心理状態まで、その人のほぼすべてが出てしまう〉

と言いかえられることが分かります。こう見ていくと、最後の言いかえが最もわかりやすい解答になっていることがわかると思います。いつもこのようにして、わかりやすい解答を作ることを心がけてください。

手順❸　❷でできた文を「わかりやすい解答」に整える。

「どういうことですか」と問われているので、文末を「～こと」にすることにも注意しましょう。（**解答のルール④ 文末表現に注意する**）

【解答例】
声には身長、体格、顔の骨格、性格、育成歴、体調から心理状態まで、その人のほぼすべてが出てしまうということ。（53字）

【練習問題3】次の文章を読んで後の問いに答えなさい。（二〇一七年　栄光学園）

〈これまでのあらすじ〉「ぼく」はふだん施設で暮らし、時おり自宅などに外泊している。施設内には、居住棟や学校・小児科棟などがあり、「ぼく」はそれらを行き来している。――

ぼくはついに、大きな決心をした。礼儀正しい子は今日で終わりにする。「ありがとう」も「すみません」も、これからは弟のヴィクトールと同じくらいしか言わない。まわりから、礼儀がなっていないと思われたって、かまわない。

でも、口で言うのは簡単だけど、いざやるとなったらなかなかむずかしい。何しろ、ぼくは生まれつき両足と左手が不自由で、今、十二歳だというのに十年間も車いすで過ごしている。そんな人間にとって、礼儀正しくすることは、もはや体の一部だ。「ありがとう」なんて呼吸のようなものだし、いきなりやめるのは大変だ。

（クロディーヌ・ル・グイック＝プリエト作　坂田雪子訳『テオの「ありがとう」ノート』ＰＨＰ研究所　より）

【問】傍線部「『ありがとう』なんて呼吸のようなものだ」とありますが、どういうことですか。40字以内で説明しなさい。

【練習問題3／解説】さほど長い傍線部ではありませんが、傍線部を一気に言いかえようとせず、傍線部をいくつかの部分に分けて考えてみることが大切です。

手順❶　傍線部をいくつかの部分に分ける。

〈「ありがとう」なんて／呼吸のようなものだ〉

手順❷ それぞれの部分を、別のわかりやすい言葉で言いかえる。

まず、〈「ありがとう」なんて〉の部分ですが、《言いかえ問題》とは、「傍線部を別のわかりやすい言葉で説明してください」という問いですから、逆に言えば、**傍線部内の言葉で、そのままでも十分わかりやすい言葉はそのまま使っても問題ないわけですね。**何でもかんでも、無理に言いかえなければならないというわけではないということです。ですからこの場合、「ありがとう」はそのまま使えばよいでしょう。また、「なんて」は「〜を言うことなんて」くらいの意味ですから、ここでは、次のように言いかえておけば十分でしょう。

〈「ありがとう」なんて〉
↓
〈「ありがとう」を言うことは〉

次に、〈呼吸のようなものだ〉の部分を言いかえます。

これは明らかに比喩表現ですね。ですから、「呼吸のようなもの」とは何かを、比喩を使わずに、わかりやすい言葉に言いかえる必要があります。（**解答のルール② 指示語・比喩・わかりにくい表現は具体化して言いかえる**）

本文をもとに考えてみましょう。本文にはこうあります。

・**何しろ、ぼくは生まれつき両足と左手が不自由で、今、十二歳だというのに十年間も車いすで過ごしている。**そんな人間にとって、**礼儀正しくすることは、もはや体の一部だ。**（3行目〜5行目）

主人公は生まれつき体が不自由なため、身近な人に生活の手助けをしてもらうことが多い。だから礼儀正しく「ありがとう」を言うようなことが体の一部のようになっているわけですね。これを踏まえたうえで、「呼吸のようなもの」を考えてみます。

「呼吸」というのは、生きている以上は当たり前に行っていることですね。つまり、体が不自由な主人公にとって、誰かに助けてもらって「ありがとう」を言うことは、呼吸をするように当たり前のことになっているということなのでしょう。よって、「呼吸のようなもの」とは、「生きていく上で当たり前のこと」といった内容の比喩と考えられますから、

〈呼吸のようなものだ〉

↓

〈生きていく上で当たり前になっていることだ〉

と、言いかえることができそうです。以上でそれぞれの部分の言いかえは終了です。

手順❸　❷でできた文を「わかりやすい解答」に整える。

「どういうことですか」と問われているので、文末を「〜こと」にすることに注意します。**（解答のルール④ 文末表現に注意する）**

【解答例】 「ありがとう」を言うことは、生きていく上で当たり前に行っているということ。（37字）

【練習問題4】 次の文章を読んで後の問いに答えなさい。（二〇一八年　武蔵中・改）

「ロボットは、人間よりも価値のある存在である」

こんなふうに言うと、技術とひとの命を比べるのはけしからん、機能や貨幣（かへい）に置き換えられる価値で人間の価値を測るな、と思うかもしれない。

であれば、人間と別の動物を比べてみてはどうか。「命を大事にしましょう」と言うのなら、人間の命を何よりも尊いものだとする理由はなんだろうか。犬やネコの命も大事にすべきではないか。何の根拠があって、命に色をつけているのか。命を大事にするのであれば、人間とそれ以外の動物、あるいはそういったものを区別する理由はどこにあるのか。僕には、犬や猫の価値や生きる権利と、人間が生きる権利の差は、現代社会においては縮まっているように思える。

（石黒（いしぐろ）浩（ひろし）『アンドロイドは人間になれるか』文春新書　より）

【問】「命に色をつけている」とあるが、ここではどのようなことをいうのですか。60字前後でわかりやすく説明しなさい。ただし、「色をつける」とは「物事の扱いに情を加える」ということを表します。

【練習問題4／解説】短めの傍線部ですが、区切って考えることで、正確に解答できることを確認してください。

手順❶　傍線部をいくつかの部分に分ける。

〈命に／色をつけている〉

手順❷　それぞれの部分を、別のわかりやすい言葉で言いかえる。

・〈命に〉の言いかえ。

・人間の命を何よりも尊いものだとする理由はなんだろうか。犬やネコの命も大事にすべきではないか。（4行目）
・命を大事にするのであれば、人間とそれ以外の動物、あるいはそういったものを区別する（6行目）
などと本文にあることから、ここでの〈命〉とは、〈人間と、犬やネコといったそれ以外の動物の命〉のことでしょう。

ただし本文に、

・犬や猫の価値や生きる権利と、人間が生きる権利（7行目）
ともありますから、〈命〉には、〈価値や生きる権利〉といった意味も含まれているものと考えられます。

・〈色をつけている〉の言いかえ。
【問】のただし書きに、「色をつけている」＝「物事の扱いに情を加えている」とあります。

「情」というのは「感情」の「情」ですから、「気持ち」のことですね。また、ここでの「物事の扱い」というのは

「命の扱い」のことでしょう。つまり、「物事の扱いに情を加えている」＝「命の扱いに気持ちを加えている」ということですから、本文の言葉でいえば、

・人間の命を何よりも尊いものだとする（4行目）
・人間とそれ以外の動物、あるいはそういったものを区別する（6行目）

あたりをヒントに考えていきます。ざっくり言えば、「人間の命を動物の命よりも尊いものだとする」ということでしょう。ただし、ここでの〈命〉とは〈価値や生きる権利〉という意味も含みますから、〈色をつけている〉とは、〈人間とそれ以外の動物、あるいはそういったものを区別して、人間の命や価値、生きる権利の方が尊いものだとする〉といった内容になろうかと思います。

手順❸　❷でできた文を「わかりやすい解答」に整える。

これまでに言いかえた内容をまとめると、次のようになります。

〈命に／色をつけている〉

←

〈人間と、犬やネコといったそれ以外の動物の命や価値、生きる権利に／人間とそれ以外の動物、あるいはそういったものを区別して、人間の命や価値、生きる権利の方**が尊いものだとする〉**

重複している部分を削ったりしながら、**解答のルール① 主語・述語・目的語のわかりやすい文にする**にしたがって「わかりやすい解答」に整えます。文末は「〜こと」ですね。（**解答のルール④ 文末表現に注意する**）

【解答例】

人間の命とそれ以外の動物の命を区別し、動物よりも人間の命の方が尊く、価値が高く、人間の方が生きる権利があると考えること。（60字）

【練習問題5】 次の文章を読んで後の問いに答えなさい。（二〇二〇年　女子学院中・改）

便利に、快適になった。が、そうしたシステムに漫然とぶら下がっているうち、「つくる」という、生きる基本となる能力を損なってしまった。気がつけば、調理すること、工作することはおろか、排泄物を処理することも、赤子を取り上げることも、遺体の清拭や埋葬も、みずからの手ではできなくなった、いのちを繋ぐために世代から世代へと伝えられてきた技をも損なってしまった。そんな技の根絶やし状態をとことん思い知らされたのは、大震災でシステムが停止もしくは破綻したとき、つい6年前のことである。

（鷲田清一『濃霧の中の方向感覚』晶文社　より）

【問】「そんな技の根絶やし状態」とは、どのような状態のことですか。70字〜90字で説明しなさい。

【練習問題5／解説】これまでと同じく、一つ一つ手順を追って考えていきましょう。

手順❶　傍線部をいくつかの部分に分ける。

〈そんな技の／根絶やし状態〉

手順❷　それぞれの部分を、別のわかりやすい言葉で言いかえる。

まず、〈そんな技〉とは何を指すのでしょう。

これは、**傍線部のルール❹ 傍線部内の言葉と同じ言葉・似た言葉に注目する**を用いて、「技」という言葉（また は似た言葉）を本文中から探すと、

・「つくる」という、生きる基本となる**能力**（1行目）
・いのちを繋ぐために世代から世代へと伝えられてきた**技**（3〜4行目）

が見つかります。ただ、

「『つくる』という、生きる基本となる能力」とは何でしょう。
「いのちを繋ぐために世代から世代へと伝えられてきた技」とは何でしょう。

これらは漠然としていて、わかりやすい言葉で言いかえられているとは言えません。

ですから、これらをさらにわかりやすく言いかえた表現を本文から探しましょう。すると、

「『つくる』という、生きる基本となる能力」＝調理すること、工作すること（2行目）
「いのちを繋ぐために世代から世代へと伝えられてきた技」＝排泄物を処理することも、赤子を取り上げることも、遺体の清拭や埋葬（2〜3行目）

だと読み取ることができます。つまり、これまでのことを整理してみると、

〈そんな技〉

↓

〈調理することや工作することといった、生きる基本となる能力や、排泄物の処理や出産、遺体の清拭、埋葬といった、いのちを繋ぐために世代から世代へと伝えられてきた技〉

と言いかえられることがわかります。

次に、〈根絶やし状態〉とはどんな状態のことか、です。

「根絶やし」とは、「根本まで取り去ること。残らず絶やすこと」の意味です。これは本文の言葉を使えば、

・を損なってしまった（2行目）

に当たります。ですから、次のように言いかえればＯＫでしょう。

〈根絶やし状態〉

↓

〈～を損なってしまった状態〉

手順❸　❷でできた文を「わかりやすい解答」に整える。

指定字数内に収まるように、また、「どのような状態のことですか」と問われているので、文末を「～状態」とす

ることも忘れずに。（**解答のルール④　文末表現に注意する**）

【解答例】

調理や工作といった、生きる基本となる能力を損ない、排泄物の処理や出産、遺体の清拭、埋葬といった、いのちを繋ぐために世代から世代へと伝えられてきた技をも損なってしまった状態。（86字）

【練習問題6】 次の文章を読んで後の問いに答えなさい。（二〇一一年　駒場東邦中）

澄子（すみこ）は直子（なおこ）の家へと向かいながら考えた。

今まで、どんな習い事をしても、つづかなかった。

お母さんにさそわれるがまま、習いだして、でもつまんなくなってやめる。

おかげで、五年生にもなって、得意なことひとつない。

そんな調子だから、あいまいな気持ちで、いい加減な気持ちで、うずに巻きこまれるみたいに、てっちゃんとカコの仲間になっていった。そして、直子が学校に来なくなったとたんに、やっぱり気になって、てっちゃんやカコ、クラスの女子までまきこんで、直子の家におしかけた。

私はまるで、お母さんに、てっちゃんやカコに、クラスのムードに、流されているだけの小船だ。舵（かじ）のない小さなボート。


（草野たき『教室の祭り』岩崎書店　より）

【問】「舵のない小さなボート」は何をたとえていますか。20字以内で説明しなさい。

【練習問題6／解説】比喩表現を含む傍線部の言いかえ問題です。

手順❶　傍線部をいくつかの部分に分ける。

〈舵のない／小さなボート〉

手順❷　それぞれの部分を、別のわかりやすい言葉で言いかえる。

・〈舵のない〉とは？

「舵」というのは「船尾などにつけて船の針路を定める板状の船具」のことで、それを操作することで船の進む方向を決めるわけです。「舵」がなければ方向が定まらず、ふらふらとあっちへ行ったり、こっちへ行ったりとしてしまうわけですね。もちろん、ここでの「舵」というのは比喩ですから、「舵」という言葉を使わずに言いかえなければなりません。**（解答のルール②　指示語・比喩・わかりにくい表現は具体化して言いかえる）**

ですからここでの「舵のない」とは、澄子の方向が定まらない様子を表していると考えられるでしょう。それを本文から読み取れるところを探すと、次の箇所が見つかります。

・お母さんに、てっちゃんやカコに、クラスのムードに、流されているだけの（8行目）

つまり、〈舵のない〉＝〈自主性がなく、周囲に流されるだけの〉と言いかえられるでしょう。

・〈小さなボート〉とは？

これは澄子自身をボートにたとえているのですね。「小さな」ということは、「取るに足りない」「無力な」という低い自己評価の意味合いが含まれていると考えてもいいでしょう。

したがって、〈小さなボート〉＝〈取るに足りない、無力な澄子〉となります。

手順❸　❷でできた文を「わかりやすい解答」に整える。

〈舵のない／小さなボート〉

←

〈自主性がなく、周囲に流されるだけの／取るに足りない無力な澄子〉

❷で考えた右の言いかえ内容を、指定字数20字以内に注意してうまく整えます。

【解答例】

自主性がなく、周囲に流される無力な澄子。（20字）

記述パターン❷　理由問題

【練習問題7】次の文章を読んで後の問いに答えなさい。（二〇一五年　巣鴨中）

「正統な寿司」の味を知っている日本人が、世界各地のスシの味を、日本人の味覚に合うかどうかで判断するのは自然なことかもしれない。そのいっぽうで、世界に「正統な寿司」の味を押しつけることが、外国の寿司屋、とくに日本人でないスシシェフの反発を呼ぶことも理解できるだろう。

外国のスシは、日本人の味覚に合わなくても、現地の人々の味覚に合わせることで寿司の世界的な普及に貢献しているという面もある。

たとえば、アメリカで生まれたカリフォルニアロールは、スシを、一部の人しか知らないエスニック料理から世界中で誰もが知っているメジャーな料理にした。日本でも最初は違和感を持つ人が多かったようだが、現在では逆輸入されてすっかり定着した。その意味では、世界各地のスシを頭ごなしに否定することもできないはずだ。

（河野至恩『世界の読者に伝えるということ』講談社　より）

【問】傍線部「世界各地のスシを頭ごなしに否定することもできない」理由を50字以内で答えなさい。

【練習問題7／解説】《理由問題》とは、「○○はなぜか」「○○の理由を説明しなさい」の○○を「結果」としたときの「原因・理由」を答える問題です。ただしその前に、傍線部の正しい理解から始めましょう。

この傍線部には主語がありませんから、主語を補います。（**傍線部のルール❺ 傍線部内に省略された主語・述語・目的語を補う**）主語は「（『正当な寿司』の味を知っている）日本人」ですね。したがって、まず傍線部を「日本人は、世界各地のスシを頭ごなしに否定することもできない」だと考えます。

では、改めて、《理由問題》の解き方の手順を確認してみましょう。

《理由問題》の解き方の手順

手順❶　「○○はなぜか」「○○の理由を説明しなさい」の○○を「結果」とする。
（傍線部が「結果」になっていることが多い）

手順❷　「結果」に対する「原因・理由」を本文中から読み取る。
（原則として、物語文・随筆では「気持ち」も入れる）

手順❸　「原因・理由＋結果」の文を作り、「原因・理由」と「結果」の因果関係が正しいかどうかを確かめる。

手順❹　「原因・理由」の部分を「わかりやすい解答」に整える。（文末は「〜から」）

手順❶　「〇〇はなぜか」「〇〇の理由を説明しなさい」の〇〇を「結果」とする。（傍線部が「結果」になっていることが多い）

この問題では、傍線部「日本人は、世界各地のスシを頭ごなしに否定することもできない」が〇〇の部分になっていることがわかりますか。ですから本問は、傍線部「日本人は、世界各地のスシを頭ごなしに否定することもできない」を「結果」としたときの「原因・理由」を答えればよいとわかります。このように、**多くの《理由問題》では、傍線部が「結果」になっています。**

手順❷　「結果」に対する「原因・理由」を本文中から読み取る。（原則として、物語文・随筆では「気持ち」も入れる）

傍線部「日本人は、世界各地のスシを頭ごなしに否定することもできない」を「結果」としたときの「原因・理由」にあたる部分を本文から探します。すると、次の二点が見つかります。特に太字部分に注目してください。

（ア）**外国のスシは**、日本人の味覚に合わなくても、現地の人々の味覚に合わせることで**寿司の世界的な普及（ふきゅう）に貢献（こうけん）しているという面もある**（4～5行目）

（イ）アメリカで生まれたカリフォルニアロールは～現在では**逆輸入されてすっかり定着した**（6～7行目）

手順❸「原因・理由＋結果」の文を作り、「原因・理由」と「結果」の因果関係が正しいかどうかを確かめる。

本文から「原因・理由」にあたる部分（右の太字部分）を見つけたら、「結果」である傍線部との因果関係が正しいかどうかを確認してみます。これは次のように、見つけた「原因・理由」と、「結果」である傍線部をつないで読んでみればいいのですね。このとき、適宜「から」などを補ってつなげましょう。

（ア）**外国のスシは、寿司の世界的な普及に貢献しているという面もある**から（原因・理由）、日本人は、世界各地のスシを頭ごなしに否定することもできない。（結果）→因果関係ＯＫ

（イ）アメリカで生まれたカリフォルニアロールは〜**逆輸入されてすっかり定着した**から（原因・理由）、日本人は、世界各地のスシを頭ごなしに否定することもできない。（結果）→因果関係ＯＫ

このように、（ア）、（イ）ともに「原因・理由」としては正しいとわかりましたから、あとはこれらをもとにして「わかりやすい解答」を作ればよいわけです。ただし、（イ）の場合は、あくまでカリフォルニアロールという一例にすぎず、すべての世界各地のスシが逆輸入されているわけではありませんから、〈世界各地のスシの中には逆輸入されて定着したものもあるから〉程度にとらえておくのが正しいと思います。

手順❹「原因・理由」の部分を「わかりやすい解答」に整える。（文末は「〜から」）

さて、ここまでの考察をふまえ、解答として入れるべきことを（ア）、（イ）について整理すると、

（ア）〈外国のスシは、寿司の世界的な普及に貢献しているという面もあるから〉
（イ）〈世界各地のスシの中には逆輸入されて定着したものもあるから〉

の二点ということがわかります。これらをもとにすると、次のような解答ができます。理由を問われていますから、文末は「～から」としましょう。（**解答のルール④　文末表現に注意する**）

【解答例】

世界各地のスシは、寿司の世界的な普及に貢献しており、中には逆輸入されて定着したものもあるから。（47字）

【練習問題8】 次の文章を読んで後の問いに答えなさい。（二〇一九年　成城中）

問題は「人間はどこまで動物か？」という問いかけの中にある。「どこまで？」というとき、スケール（尺度）は一本しかない。一本しかないスケールの上にいろいろなものを並べて、それぞれがどこまで到達（とうたつ）しているか？という発想に問題があるのである。

（中略）

動物行動学の研究が示してくれたのは、どの動物もそれぞれの個体が自分自身の子孫をできるだけたくさん後代に残そうとしていることは同じだが、そのやりかたは種によってまったく違うということである。

イヌはイヌなりの、ネコはネコなりの、そしてゾウはゾウなりのやりかたで生き、それぞれに子孫を残してきた。自分自身の子孫を残すという点ではまったく同じだが、そのやりかたはまったく違うのである。同じスケールの上で、どれがどこまで、という問題ではない。「ゾウはどこまでライオンか？」という問いは存在しえないのである。そしてそのことはだれでも無意識のうちにちゃんと知っている。

（日高敏隆『人間はどこまで動物か』新潮社　より）

【問】 傍線部「『ゾウはどこまでライオンか？』という問いは存在しえないのである」とありますが、それはなぜか。それを説明した次の文の□にあてはまる言葉を考えて、30字以上35字以内で答えなさい。ただし、「種」・「スケール」ということばを用いること。

ゾウとライオンは、□。

【練習問題８／解説】「『種』『スケール』ということばを用いること」という「ただし書き」をヒントにできるかがポイントです。

手順❶　「○○はなぜか」「○○の理由を説明しなさい」の○○を「結果」とする。（傍線部が「結果」になっていることが多い）

【問】に「それはなぜか」とありますが、「それ」とは傍線部「『ゾウはどこまでライオンか?』という問いは存在しえないのである」を指していますね。よって、○○の部分は傍線部「『ゾウはどこまでライオンか?』という問いは存在しえないのである」になりますから、本問でも傍線部を「結果」と考えればよいとわかります。

手順❷　「結果」に対する「原因・理由」を本文中から読み取る。（原則として、物語文・随筆では「気持ち」も入れる）

傍線部「『ゾウはどこまでライオンか?』という問いは存在しえないのである」を「結果」としてときの「原因・理由」にあたる部分を本文から探します。【問】のただし書きに、「種」「スケール」ということばを用いることとありますから、**「種」「スケール」ということばを本文に探す**と、次のような「原因・理由」の部分が見つかります。

（ア）そのやりかた（＝子孫の残し方）は**種**によってまったく違う（６行目）

（イ）同じ**スケール**の上で、どれがどこまで、という問題ではない（８〜９行目）

手順❸「原因・理由＋結果」の文を作り、「原因・理由」と「結果」の因果関係が正しいかどうかを確かめる。

「から」を補い、（ア）、（イ）それぞれについて「原因・理由＋結果」の文を作ってみます。

（ア）〈子孫の残し方は**種**によってまったく違うから（原因・理由）、「ゾウはどこまでライオンか?」という問いは存在しえないのである（結果）〉↓因果関係ＯＫ

（イ）同じ**スケール**の上で、どれがどこまで、という問題ではないから（原因・理由）、「ゾウはどこまでライオンか?」という問いは存在しえないのである（結果）〉↓因果関係ＯＫ

手順❹「原因・理由」の部分を「わかりやすい解答」に整える。（文末は「～から」）

解答のルール②　指示語・比喩・わかりにくい表現は具体化して言いかえるより、（イ）の〈同じスケール上で、どれがどこまで、という問題ではないから〉は、ややわかりにくい表現ですから、〈同じスケール上では比べられないから〉と言いかえておきます。

【解答例】〔ゾウとライオンは、〕子孫の残し方の違う異なる種であり、同じスケール上では比べられないから（34字）

【練習問題9】次の文章を読んで後の問いに答えなさい。（二〇一九年　栄光学園）

人間の聴覚は、感覚器の中でも大変早くから発達します。胎児の時期、妊娠六か月ごろにはほぼ完成していますから、その頃から胎児は羊水を通じて、母親の声や外部の音を聞いています。羊水の中で聞いていた声はくぐもっていて、生れ出て空気を通して聞く母の声とはずいぶん違うはずですが、新生児は自分の母の声を間違いなく認識し、他の母親の声と聞き分けることが実験によって裏付けられています。それどころか、お腹の中で聞いていた母の言葉、母国語に特徴的な発音に、生まれてすぐに反応することも確かめられました。この優れた聴覚は、生まれてからもさらに発達を続けます。

（山﨑広子『声のサイエンス』ＮＨＫ出版　より）

【問】傍線部「胎児は羊水を通じて、母親の声や外部の音を聞いています」とありますが、それがわかるのはなぜですか。50字以内で答えなさい。

【練習問題9／解説】これまで通り、《理由問題》の解答の手順にしたがって考えます。もうだいぶ慣れてきましたか？

手順❶「〇〇はなぜか」「〇〇の理由を説明しなさい」の〇〇を「結果」とする。
（傍線部が「結果」になっていることが多い）

○○の部分は傍線部「胎児は羊水を通じて、母親の声や外部の音を聞いていています」ですから、これを「結果」と考えます。

手順❷　「結果」に対する「原因・理由」を本文中から読み取る。（原則として、物語文・随筆では「気持ち」も入れる）

傍線部「胎児は羊水を通じて、母親の声や外部の音を聞いています」を「結果」としたときの「原因・理由」にあたりそうな部分を本文から探してみると、次の二つが見つかります。

（ア）新生児は自分の母の声を間違いなく認識し、他の母親の声と聞き分けることが実験によって裏付けられています（3〜4行目）

（イ）お腹の中で聞いていた母の言葉、母国語に特徴的な発音に、生まれてすぐに反応することも確かめられました（4〜5行目）

手順❸　「原因・理由＋結果」の文を作り、「原因・理由」と「結果」の因果関係が正しいかどうかを確かめる。

念のため、（ア）、（イ）それぞれを傍線部とつなぎ合わせ、因果関係が正しいかどうかを確かめてみます。

（ア）新生児は自分の母の声を間違いなく認識し、他の母親の声と聞き分けることが実験によって裏付けられていま

すから（原因・理由）、胎児は羊水を通じて、母親の声や外部の音を聞いています（結果）。↓因果関係ＯＫ

（イ）お腹の中で聞いていた母の言葉、母国語に特徴的な発音に、生まれてすぐに反応することも確かめられましたから（原因・理由）、胎児は羊水を通じて、母親の声や外部の音を聞いています（結果）。↓因果関係ＯＫ

手順❹　「原因・理由」の部分を「わかりやすい解答」に整える。（文末は「〜から」）

さて、あとはこれら（ア）、（イ）をもとにわかりやすい解答にしてゆけばよいでしょう。**解答のルール① 主語・述語・目的語のわかりやすい文にする**をもとに、50字以内の指定字数に注意してまとめます。今回は本文をかなり忠実に生かした解答になりました。

【解答例】

新生児は自分の母の声を間違いなく認識し、母の母国語に特徴的な発音に、生まれてすぐに反応するから。（48字）

【練習問題10】次の文章を読んで後の問いに答えなさい。（二〇一五年　芝中）

一九九五年、兵庫県で発生した阪神・淡路大震災により両親を失った丹華は、医院を営む通称「ゼロ先生」の養子として育てられました。小学六年生になり、丹華は最近、男の子に初めて淡い恋心をいだき始めます。

好きになってしまったのだ。――生まれて初めて、男の子のことを。

彼の名前は、片山陽太。

いま、丹華と同じ、小学校六年生。ただし、同じ*長田の子ではなく、神戸市内の岡本というところにある小学校に通っている。

初めて会ったのは、半年まえ。小学校五年生のときだった。復興住宅に隣接するプレハブの「コミュニティルーム」の入り口付近で、ゼロ先生は、ボランティアに参加したいと申し込んできた片山のおじさんと陽太に「ぜひとも、よろしゅう頼んます」と、あいさつをした。

かたときも手放さないという、サッカーボールを片手に、最初陽太は、緊張気味に、ちょっとぶすっとした顔だった。丹華のほうも、初対面の男子にどう接したらいいかわからなくて、目を合わせられず、下を向いていた。

片山のおじさんとゼロ先生とは、会ってすぐに、ボランティア訪問について活発に会話を始めた。

陽太は、足もとのボールを、足先で、ちょいちょいと転がしていたが、ふと、顔を上げて、丹華のほうを見た。

丹華は、ボールに夢中になっている陽太のうつむいた顔をこっそり見ながら、（男子って、みんな、ボール遊びが好きやねんなぁ）と思っていたところだった。

目が合った瞬間、丹華の胸が、ことん、と音を立てた。小さな箱の中でビー玉が転がったような、ささやかな音。だけど、確かに、体のすみずみまで響き渡る音。

（原田マハ『翔(と)ぶ少女』ポプラ社 より）

＊長田＝神戸市の地区名

【問】傍線部〈丹華は、ボールに夢中になっている陽太のうつむいた顔をこっそり見ながら、〈男子って、みんな、ボール遊びが好きやねんなぁ〉と思っていたところだった〉とありますが、なぜ〈丹華〉は〈こっそり〉としか〈陽太〉のことを見られなかったのですか。その理由を20字以上30字以内で説明しなさい。

【練習問題10／解説】ここからは「物語文」での《理由問題》です。物語文・随筆の《理由問題》では、「気持ち」を解答に入れることがポイントです。

手順❶「〇〇はなぜか」「〇〇の理由を説明しなさい」の〇〇を「結果」とする。
（傍線部が「結果」になっていることが多い）

今回の【問】には、「なぜ〈丹華〉は〈こっそり〉としか〈陽太〉のことを見られなかったのですか。」とありますから、〇〇にあたる〈丹華はこっそりとしか陽太のことを見られなかった〉が「結果」になります。

手順❷「結果」に対する「原因・理由」を本文中から読み取る。
（原則として、物語文・随筆では「気持ち」も入れる）

〈丹華はこっそりとしか陽太のことを見られなかった〉のはなぜか？　その「原因・理由」を本文に求めると、

・初対面の男子にどう接したらいいかわからなくて（9行目）

とありますから、「原因・理由」は〈初対面の男子にどう接したらいいかわからなかったから〉となります。

ただし、原則として、**物語文・随筆では、原則として解答の中に「気持ち」を入れましょう。「気持ち」は「言動（セリフ、行動、表情）」や「情景描写」から読み取ります。**ここからは〈戸惑い〉といった「気持ち」を引き出せるとよいですね。したがって、「気持ち」も入れると、「原因・理由」は、

〈初対面の男子にどう接したらいいかわからず、戸惑っていたから〉などと考えられます。

手順❸　「原因・理由＋結果」の文を作り、「原因・理由」と「結果」の因果関係が正しいかどうかを確かめる。

〈初対面の男子にどう接したらいいかわからず、戸惑っていたから（原因・理由）、丹華はこっそりとしか陽太のことを見られなかった（結果）。〉→因果関係ＯＫ

手順❹　「原因・理由」の部分を「わかりやすい解答」に整える。（文末は「～から」）

今回はそのまま解答としてよいでしょう。

【解答例】　初対面の男子にどう接したらよいかわからず、戸惑っていたから。（30字）

【練習問題11】次の文章を読んで後の問いに答えなさい。（二〇一七年　武蔵中・改）

（注）小学校三年生の「ぼく」のおばあちゃんは急に倒れ、入院した。おかあさんは付き添いのために病院に泊まり込むことがつづき、そのことが原因でおとうさんと不仲になっている。

おばあちゃんが退院したのは、つぎの週の火曜日だった。元気になったからではなくて、これ以上は病院にいても治療のしようがないからだ。それなら自宅で介護をしようと、おかあさんのきょうだいで話しあって決めたという。

千夏おばさんがおばあちゃんの家でくらして、みんなもできるはんいで手助けをする。ヘルパーさんの手も借りるし、近くのお医者さんも協力してくれて、おばあちゃんの様子が急変したときには夜中でも診察にきてくれるとのことだった。

「健ちゃん。そういうわけだから、今度の金曜日はおばあちゃんのうちに泊まらない？」

おかあさんにさそわれて、ぼくの胸がドキンと鳴った。

――その夜に、おばあちゃんが死んだらどうしよう。

考えただけで、ぼくはこわかった。

「おとうさんも一緒ならいいよ」

とっさに答えると、おかあさんが目をそらした。

「だって、ほら。おばあちゃんにもしものことがあったら、おかあさんひとりじゃたいへんでしょ。ぼくじゃあ、たよりにならないし」

せっかくいいアイデアをおもいついたのに、おかあさんは目をそらしたままだった。

おとうさんとケンカしてから、おかあさんはおばあちゃんの病室に泊まっていなかった。だからといって仲なおりをしたわけではなくて、土日のあいだも、おとうさんとおかあさんはほとんど口をきいていなかった。運動会が行われる来週の土曜までには、なんとかして仲なおりしてほしい。

「ぼくがおとうさんにお願いしてみようか？　おそい時間になってもいいから、おばあちゃんのうちにきてくださいって。それで三人で泊まろうって」

おかあさんとは反対に、ぼくはウキウキしていた。たしか、おとうさんの会社からおばあちゃんのうちまでは地下鉄一本で行けたはずだ。

「わかったわ。今夜、おかあさんからおとうさんにお願いしてみる。でも、もしもおとうさんが無理だって言っても、おとうさんをきらいになっちゃダメよ」

おかあさんは、自分に言いきかせているようだった。

（佐川光晴（さがわみつはる）『大きくなる日』集英社　より）

【問】「ぼくはウキウキしていた」とあるが、どうしてウキウキしていたのですか、50字以上70字以内で説明しなさい。

【練習問題11／解説】これも「物語文」での《理由問題》ですから、「気持ち」を解答の中に入れていきます。

手順❶　「〇〇はなぜか」「〇〇の理由を説明しなさい」の〇〇を「結果」とする。
（傍線部が「結果」になっていることが多い）

これも傍線部〈ぼくはウキウキしていた〉を「結果」と考えればよいですね。

手順❷「結果」に対する「原因・理由」を本文中から読み取る。（原則として、物語文・随筆では「気持ち」も入れる）

「ウキウキする」ということは、何か「いいこと」を〈期待〉しているからですね。これが「気持ち」です。では、その「いいこと」とは何でしょう?

・なんとかして仲なおりしてほしい（17行目）
・「ぼくがおとうさんにお願いしてみようか?　おそい時間になってもいいから、おばあちゃんのうちにきてくださいって。それで三人で泊まろうって」（18〜19行目）

不仲になっているおとうさんとおかあさんに対して、「ぼく」が〈期待〉する「いいこと」とは、「二人が仲なおりすること」でしょう。したがって、右の本文から読み取れる「原因・理由」は、〈おばあちゃんの家に家族三人で泊まることで、おとうさんとおかあさんが仲直りするかもしれないと期待したから〉といったことが考えられると思います。

手順❸「原因・理由＋結果」の文を作り、「原因・理由」と「結果」の因果関係が正しいかどうかを確かめる。

〈おばあちゃんの家に家族三人で泊まることで、おとうさんとおかあさんが仲直りするかもしれないと期待したか

ら（原因・理由）、ぼくはウキウキしていた（結果）。〉→因果関係ＯＫ

手順❹「原因・理由」の部分を「わかりやすい解答」に整える。（文末は「〜から」）

今回もそのまま解答としてよさそうですね。

【解答例】

おばあちゃんの家に家族三人で泊まることで、おとうさんとおかあさんが仲なおりするかもしれないと期待したから。（53字）

【練習問題12】 次の文章を読んで後の問いに答えなさい。（二〇一三年　渋谷幕張中）

梅雨にはまだ間のある、よく晴れた日だった。健一たちは、駅から川越に向かう方向に、線路づたいに歩いて行った。何も音がしない。ただ風が吹いているだけだ。時折、線路に砂利か何かがあたる音が伝わってきた。振り返るとS駅が小さく見えた。線路の上を歩くのは、普段できないことだったから、歩いているだけで、ワクワクした。下りの線路を進んで行くと、人家がまばらになり、林の中に農家が点々と見えるだけになった。線路は遠くまで一直線に見える。普段見慣れない風景が広がって、最高の気分だ。時折、線路の隙間からトカゲが這(は)い出て、また隠れた。

健一は枯枝を手に持って、枕木をひとつずつ飛び越えて行くことに熱中していた。

やがて線路は鉄橋に差しかかった。明は斜視ぎみの目をこらして、遠くを見た。線路がキラキラ光って見える。少年たちは鉄橋の前で立ち止まった。そこからは百メートルにおよぶ鉄橋が続いている。健一は一歩前に出て下を見た。体が震えた。下には川が悠然と流れている。誰にもいわないが、健一は軽い高所恐怖症なのである。しかし子供の世界は、それをいったら、おしまいだ。何をされるかわからない。健一は体が震えた。皆が帰ろうといいだすことを祈った。

その時、明が、鉄橋を渡るべえといった。すぐにイタチ*が長靴を脱いで鉄橋を渡りだした。一番になろうとしたのだ。明もイタチに負けまいと鉄橋を渡りだした。

健一は黙ったままだ。肩のあたりに重いものが沈んでいるみたいだった。吉岡兄は気が進まないらしく、「おーい。本当に行くのかよ。俺、帰るよ」とぶつぶついいだした。

こいつも怖いのだと健一は思った。二人で踵(きびす)を返せばよかったものを、少年はそれができない。「お前、怖いんだろう」と震える声をなんとか抑えていった。

「ちがわい」吉岡兄はむきになって健一を睨みつけた。

（永倉萬治『武蔵野S町物語』河出書房新社 より）

（注）イタチ＝健一の友人の一人。

【問】傍線部「むきになって健一を睨みつけた」とあるが、なぜ吉岡兄はこのような反応をしたのか。50字以上60字以内で答えなさい。

【練習問題12／解説】物語文の《理由問題》にも慣れてきましたか？ これも「気持ち」を入れて解答を作ります。

手順❶　「○○はなぜか」「○○の理由を説明しなさい」の○○を「結果」とする。
（傍線部が「結果」になっていることが多い）

【問】に「なぜ吉岡兄はこのような反応をしたのか」とありますが、ここでの「このような反応」というのは、傍線部「むきになって健一を睨みつけた」ことを指します。したがって、○○に当たるのは、〈吉岡兄はむきになって健一を睨みつけた〉ですから、これが「結果」になります。

手順❷　「結果」に対する「原因・理由」を本文中から読み取る。
（原則として、物語文・随筆では「気持ち」も入れる）

・吉岡兄は気が進まないらしく、「おーい。本当に行くのかよ。俺、帰るよ」とぶつぶついいだした（14～15行目）

・こいつも怖いのだと健一は思った（16行目）

とありますから、吉岡兄は本心では、鉄橋を渡ることを怖いと思っているのです。しかし、

・しかし子供の世界は、それをいったら、おしまいだ。何をされるかわからない（9～10行目）

・二人で踵を返せばよかったものを、少年はそれができない（16行目）

　少年の世界では、仲間に弱みを見せることはできないわけです。それが〈むきになって〉という吉岡兄の様子に表れています。よって、こうした事情から考えると、「原因・理由」としては、〈鉄橋を渡るのが怖いという本心をどうしても知られたくなかったから〉などが考えられます。

　また、このときの吉岡兄の「言動（セリフ、行動、表情）」から「気持ち」も読み取りましょう。これは、

・「ちがわい」（17行目）↓弱みを見せず、反対を装っている↓〈強がっている〉

・吉岡兄はむきになって健一を睨みつけた（17行目）↓〈健一への腹立たしさ（反発なども可）〉

といった「気持ち」が読み取れるのではないでしょうか。よって、これらの「気持ち」を入れると、「原因・理由」は、〈鉄橋を渡るのが怖いという本心を指摘した健一が腹立たしく、またそれをどうしても知られたくないために強がったから〉などと考えられそうです。

手順❸　「原因・理由＋結果」の文を作り、「原因・理由」と「結果」の因果関係が正しいかどうかを確かめる。

〈鉄橋を渡るのが怖いという本心を指摘した健一が腹立たしく、またそれをどうしても知られたくないために強がったから（原因・理由）、むきになって健一を睨みつけた（結果）〉→因果関係ＯＫ

手順❹　「原因・理由」の部分を「わかりやすい解答」に整える。（文末は「〜から」）

今回もこのまま解答にして問題ありませんね。

【解答例】

鉄橋を渡るのが怖いという本心を指摘した健一が腹立たしく、またそれをどうしても知られたくないために強がったから。（55字）

記述パターン❸　まとめ問題

【練習問題13】次の文章を読んで後の問いに答えなさい。（二〇一四年　巣鴨中）

ヨーロッパで有意義な旅をしようと思ったら、目的を持たないといけない。あの町にいってこの建築を見る。この列車に乗ってあそこにいき、だれそれの絵が飾られている美術館にいこう。目的は具体的であればあるほど、多くあればあるほど、その旅は充実する。ガイドブックに載っていないものを見ようと思ったら、それもまた、目的にしなければならない。わざわざガイドブックに載っていない場所を選び、そこに足を運ばなければならない。

そういうことが理解できてから、ようやく私はヨーロッパの旅に戸惑わなくなった。

（角田光代『世界中で迷子になって』小学館　より）

【問】傍線部「そういうことが理解できてから、ようやく私はヨーロッパの旅に戸惑わなくなった」とありますが、「私」は、アジアの旅と違ってヨーロッパの旅にどういう特徴があると理解したのですか。60字以内で答えなさい。

【練習問題13／解説】この問題は、「筆者がヨーロッパの旅にどういう特徴があると理解したのか」について説明する《まとめ問題》です。まずは手順を確認しましょう。

《まとめ問題》の解き方の手順
手順❶　説明すべき部分を本文中から見つける。（具体例ではなく、具体例をまとめた部分から）
手順❷　❶で見つけた部分を「わかりやすい解答」としてまとめる。

手順❶　説明すべき部分を本文中から見つける。（具体例ではなく、具体例をまとめた部分から）

《まとめ問題》では、まず、説明すべき部分（ここでは、「ヨーロッパの旅の特徴」）を本文中から見つけます。見つけるときのポイントは、**具体例ではなく、具体例をまとめた部分から探す**ことです。

では、本文から「ヨーロッパの旅の特徴」について、**具体例をまとめた部分**に注目して探してみましょう。細字になっているところが具体例、太字になっているところが具体例をまとめた部分、というのがわかりますか？

・**ヨーロッパで有意義な旅をしようと思ったら、目的を持たないといけない**。あの町にいってこの建築を見る。この列車に乗ってあそこにいき、だれそれの絵が飾られている美術館にいこう。**目的は具体的であればあるほど、多くあればあるほど、その旅は充実する**。ガイドブックに載っていないものを見ようと思ったら、それもまた、目的にしなければならない。わざわざガイドブックに載っていない場所を選び、そこに足を運ばなければならない。

具体例をまとめた部分（太字部分）は、具体例の前後にありますね。本文から抜き出してみましょう。

〈ヨーロッパで有意義な旅をしようと思ったら、目的を持たないといけない〉
〈目的は具体的であればあるほど、多くあればあるほど、その旅は充実する〉

手順❷　❶で見つけた部分を「わかりやすい解答」としてまとめる。

解答のルール①　主語・述語・目的語のわかりやすい文にする に注意して、「わかりやすい解答」としてまとめればOKです。また、「どういう特徴があると理解したのですか」と問われているので、解答の文末を「〜特徴」とすることにも気をつけて。（**解答のルール④　文末表現に注意する**）

【解答例】

ヨーロッパで有意義な旅をしようと思えば、目的を持たねばならず、その目的は具体的で、数も多いほど旅は充実するという特徴。（59字）

【練習問題14】 次の文章を読んで後の問いに答えなさい。（二〇一六年　芝中）

サクラは、夏にツボミをつくります。しかし、秋に花を咲かせないために、越冬芽をつくり、その中にツボミを包み込みます。もし秋に花を咲かせると、冬の寒さがくるまでに子孫（タネ）をつくり終えないためです。

ほんとうにそうなら、サクラは、秋の間に、「冬がもうすぐやってくる」ということを知っていることになります。「ほんとうに、秋の間に、サクラは冬が訪れることを知っているのか」という疑問が浮かびます。

越冬芽は冬の寒さをしのぐためのものですから、冬の寒さが訪れる前につくらねばなりません。気温が低くなり、寒くなってから急いで越冬芽をつくることができるほど、サクラの反応は鋭敏ではありません。

そのため、サクラは、冬の寒さが訪れることを寒くなる前に知る能力を持っていなければなりません。「ほんとうに、秋の間に、サクラは冬が訪れることを知っているのか」という疑問に対する答えは、「知っている」です。では、どのようにして、サクラは冬の寒さが訪れることを、寒くなる前の秋に知ることができるのでしょうか。

その答えは、「葉っぱが、夜の長さをはかるから」です。夜の長さは、夏から秋にだんだんと長くなり、かなり大きく変化します。このことは、夕方七時ごろでもまだ明るい夏に比べ、五時ごろには暗くなる秋を思い浮かべると、理解できます。

でも、ほんとうに、葉っぱが夜の長さをはかれば、冬の寒さの訪れを前もって知ることができるのでしょうか。この疑問に対する答えは、「できる」です。夜の長さは、六月下旬の夏至の日を過ぎて、だんだんと長くなりはじめます。そして、夜の長さがもっとも冬らしく長くなるのは冬至の日です。この日は、一二月の下旬です。

それに対し、冬の寒さがもっともきびしいのは二月ごろです。夜の長さの変化は、冬の訪れより、約二ヵ月先行しているのです。ですから、葉っぱが夜の長さをはかっていれば、冬の寒さの訪れを約二ヵ月先取りして知ることができるのです。

だんだんと長くなる夜を感じるのは「葉っぱ」です。ところが、越冬芽がつくられるのは「芽」です。とすれば、「葉っぱ」が長くなる夜を感じて、「冬の訪れを予知した」という知らせは、「芽」に送られねばなりません。「どのようにして、葉っぱから芽に、その知らせは送られるのか」という疑問が浮かびます。

（田中　修（おさむ）『植物はすごい　七不思議篇』中央公論社　より）

【問】傍線部「サクラは冬の寒さが訪れることを、寒くなる前の秋に知る」とありますが、そのために行われているのはどのようなことですか。それを15字以上25字以内で説明しなさい。

【練習問題14／解説】「冬の寒さが訪れることを、寒くなる前の秋に知るために行われていること」とはどのようなことか、それをまとめる《まとめ問題》です。《まとめ問題》とはいっても、この問題の場合、複数のまとめ要素はありません。

手順❶　説明すべき部分を本文中から見つける。（具体例ではなく、具体例をまとめた部分から）

本文を見てみると、傍線部の直後に、

・その答えは、「**葉っぱが、夜の長さをはかるから**」です。（10行目）

とありますから、太字の部分をもとに、解答は、

〈葉っぱが、夜の長さをはかること。〉（16字）

とすればよいように思えます。

……ですが今回は、「本当にこれでいいのだろうか？」ということを考えてみたいと思います。

〈葉っぱが、夜の長さをはかる〉とありますが、葉っぱが〈夜の長さをはかる〉というのは、よく考えてみれば「比喩表現」ではありませんか？　葉っぱが何かの器具を使って、実際に〈夜の長さをはかる〉わけではありませんよね。

とすると、**解答のルール②　指示語・比喩・わかりにくい表現は具体化して言いかえる**より、葉っぱが〈夜の長さをはかる〉とはどういうことかを、比喩を使わない別の言葉で言いかえなければなりません。

では、〈夜の長さをはかる〉とはどういうことなのでしょう。

それを言いかえた別の表現を探しながら再び読んでいくと、本文の後ろの方にこんなことが書いてあります。太字部分に注目してみてください。

・**だんだんと長くなる夜を感じる**のは「葉っぱ」です。ところが、越冬芽がつくられるのは「芽」です。とすれば、「葉っぱ」が**長くなる夜を感じ**て、「冬の訪れを予知した」という知らせは、「芽」に送られねばなりません。（19〜20行目）

つまり、この部分から、次のように言いかえることができるとわかります。

夜の長さをはかる

↓

（だんだんと）長くなる夜を感じる

手順❷　❶で見つけた部分を「わかりやすい解答」としてまとめる。

「どのようなことですか」と問われているので、文末を「〜こと」として解答を作ります。**（解答のルール④　文末表現に注意する）**

【解答例】 葉っぱが、だんだんと長くなる夜を感じること。（22字）

【練習問題15】 次の文章を読んで後の問いに答えなさい。（二〇一六年　栄光学園）

児島湾を住み場所としているウナギとアナゴでは、行動時間だけでなく、エサの種類も共通していた。やはり、彼らは児島湾の中で、食べ物をめぐって互いに競争しているのだろうか。

同じエサを食べる動物どうしが同じ場所に住んでいると、エサをめぐって競争になることが多い。競争では、競争相手に勝つためにエネルギーを使うので、その分自分が成長したり、子孫を残したりするためのエネルギーは減ってしまう。つまり、生物にとって、競争は基本的に損なのだ。多くの場合、生物は競争をしないですむように、バランスをとっている。たとえば、住む場所、行動時間、食べ物などを、異なる種類の生き物と、少しだけ生きかたをずらすことによって、競争を避（さ）ける。ウナギとアナゴも、競争ばかりしていたら、エネルギーのむだづかいだ。彼らは、本当に競争しているのだろうか。

（海部健三（かいふけんぞう）『わたしのウナギ研究』さえら書房　より）

【問】傍線部「エネルギーのむだづかいだ」とありますが、どういう点が「むだづかいだ」と言えるのですか。60字～70字で説明しなさい。

【練習問題15／解説】「エネルギーをむだに使っている点」についてまとめる《まとめ問題》ですが、まずは傍線部の正しい理解から。傍線部には主語がありませんので、**傍線部のルール❺ 傍線部内に省略された主語・述語・目的語を補う**より、主語を補いましょう。**傍線部のルール❶ 傍線部を含む一文は丁寧に読む**もふまえると、これは「競争ばかりすることは」が主語になりますね。したがって、傍線部を「競争ばかりしていることは、エネルギーのむだづかいだ」と考えます。

手順❶　説明すべき部分を本文中から見つける。（具体例ではなく、具体例をまとめた部分から）

では、どういう点が「エネルギーをむだに使っている点」なのでしょう。すると本文に、傍線部「競争ばかりしていることは、エネルギーのむだづかいだ」と同じような次の一文があることに気づきます。特に「競争」「むだ」という言葉に着目です。（**傍線部のルール❹　傍線部内の言葉と同じ言葉・似た言葉に注目する**）

・つまり、生物にとって、**競争**は基本的に**損**なのだ（5行目）

「損」というのは「むだ」ということですね。つまり筆者は、「競争は基本的にむだだ」と言っているわけです。では、どんな点がむだなのでしょう。

ここで「つまり」という接続語に着目して考えてみます。**「つまり」は、前の文の内容を後ろの文で「まとめ」または「言いかえ」の働きをする接続語です。算数でいえば、前後の文を「＝（イコール）の関係」で結ぶ働きですね。**ですからここでは、「生物にとって、競争は基本的に損（＝むだ）なのだ」という文章は、「つまり」の前の文と「＝（イコール）の関係」になっているはずだと考えられます。つまり、

・競争では、競争相手に勝つためにエネルギーを使うので、その分自分が成長したり、子孫を残したりするためのエネルギーは減ってしまう（3～4行目）

＝

・生物にとって、競争は基本的に損なのだ（5行目）

と読めるわけですね。

したがって、設問できかれている「エネルギーをむだに使っている点」とは、本文の言葉を使うと、〈競争相手に勝つためにエネルギーを使うので、その分自分が成長したり、子孫を残したりするためのエネルギーが減ってしまう点〉と言えるでしょう。

手順❷　❶で見つけた部分を「わかりやすい解答」としてまとめる。

あとは「わかりやすい解答」に整えるだけですが、ややわかりいくい部分があるとすれば、〈競争〉という言葉でしょうか。ここをわかりやすい別の言葉で言いかえます。（**解答のルール②　指示語・比喩・わかりにくい表現は具体化して言いかえる**）

では、ここでの〈競争〉とは何を指すのでしょう。「競争」という言葉を本文に探してみると、（ここは厳密にいえば傍線部ではありませんが、**傍線部のルール❹　傍線部内の言葉と同じ言葉・似た言葉に注目する**を用いています）

・同じエサを食べる動物どうしが同じ場所に住んでいると、**エサをめぐって競争**になることが多い。（3行目）

とありますから、ああ、なるほど、〈競争〉＝〈エサをめぐる競争〉なのだなとわかりますね。

【解答例】
エサをめぐる競争で、相手に勝つためにエネルギーを使うので、その分自分が成長したり、子孫を残したりするためのエネルギーが減ってしまう点。（67字）

【練習問題16】 次の文章を読んで後の問いに答えなさい。（二〇一四年　海城中・改）

バラエティ番組などでよく聞かれる「噛む」という言葉があります。これはツッコミ側の言葉で、舌がもつれて上手くセリフが言えなかったことを指摘して、笑いを起こすことです。「いま、噛んだやないか！」という具合に使います。

この「噛む」を指摘するようなことに見られる、ややサディスティックな感覚を一般の人たちも日常的によく使っています。

しかし、私にはそれを指摘しているときの彼らの「他罰的」な気分がとても気になっています。相手を傷つけようというほどではないにせよ、先に攻撃することによって自分に降り掛からないように防御しているという心持ちが、端から見ていて気持ちが悪いのです。

政治家や力士など目立つ存在に対して、ネット上の匿名性のなかでおとしめたり、過剰に攻撃したりする風潮もあります。「失敗していない多数側」に自分がいることで安心感を得ているというわけです。

（槙田雄司『一億総ツッコミ時代』星海社新書 より）

（注）サディスティックな感覚＝相手に苦痛を与えて喜ぶ感覚。
匿名性＝誰であるかを明らかにせず、集団の中にまぎれている状況。

【問】 落ち度のある相手に対して、インターネット上で「炎上」に至るまで非難が集中したり、土下座を強要してまで相手をおとしめようとしたりする、現代のツッコミ意識の高まりには、人々のどのような気持ちが反映されていると考えられますか。「〜気持ち。」につながるように、50字以上70字以内で答えなさい。ただし、次の二つの言葉を必ず用いること。

攻撃　安心感

【練習問題16／解説】「現代のツッコミ意識の高まりに反映されている人々の気持ち」についてまとめる《まとめ問題》です。

手順❶　説明すべき部分を本文中から見つける。（具体例ではなく、具体例をまとめた部分から）

「攻撃」「安心感」という言葉を必ず用いるとありますから、**傍線部のルール❹　傍線部内の言葉と同じ言葉・似た言葉に注目する**より、「攻撃」「安心感」といった言葉を本文中から探します。すると、次のような部分が見つかります。

・先に**攻撃**することによって自分に降り掛からないように防御しているという心持ち（6行目）
・「失敗していない多数側」に自分がいることで**安心感**を得ている（9行目）

よって、「現代のツッコミ意識の高まりに反映されている人々の気持ち」とは、〈先に攻撃することによって自分に降り掛からないように防御しているという気持ち〉や〈「失敗していない多数側」に自分がいることで安心感を得ようとする気持ち〉だとわかります。

手順❷　❶で見つけた部分を「わかりやすい解答」としてまとめる。

ここでは何といっても〈「失敗していない多数側」〉が何を指しているのかわかりませんね。ですからこれを別のわかりやすい言葉で言いかえなければなりません。**〈解答のルール② 指示語・比喩・わかりにくい表現は具体化して言いかえる〉**

では、「失敗していない多数側」とは何でしょうか。これは本文を読むと、要するに、「攻撃する側」のことを指していると考えられますね。本文の言葉でいえば、

・ツッコミ側（1行目）

がそれにあたるのではないでしょうか。つまり、次のように言いかえられます。

失敗していない多数側
＝
ツッコミを入れる側

もちろん、〈攻撃する側〉としてもよいでしょう。

【解答例】	先に攻撃することで自分に攻撃が降り掛からないように防御している気持ちや、ツッコミを入れる側に自分がいることで安心感を得ようとする［気持ち。］（64字）

【練習問題17】 次の文章を読んで後の問いに答えなさい。（二〇一七年　海城中）

もうひとつ指摘しておきたいのは、「夢」という単語が、ほぼ必ず「職業」に結びつく概念として語られるようになったのは、この30年ほどに定着した、比較的新しい傾向だということだ。

昭和の中頃まで、子供たちが「夢」という言葉を使う時、その「夢」は、もっと他愛ない、バカバカしいものだった。

というよりも、「実現可能」だったりするものは、はなから「夢」とは呼ばれなかった。であるから、「看護師になりたい」とか「編集者になりたい」といった感じの、実現に向けてコツコツと努力しなければならないタイプの堅実な「夢」は、子供らしい生き生きとした「夢」とは見なされなかった。

それが、いつの頃からなのか、「夢」は、より現実的な「目標」じみたものに変質した。そして、現実的になるとともに、それは年頃の男女が、一人にひとつずつ必ず持っていなければならない必携のアイテムとして、万人に強要されるようになっている。

なんだかつらい話だ。

本来なら、退屈な現実から逃避するためのヒーロー幻想であったり、叱られた小中学生が*うたかたの慰安を求めて思い浮かべる絵空事であった「夢」という多分に無責任な妄想が、就職活動の面接における必須ワードになっていたり、中高生が考える職業選びの土台になっていったりする現状は、今年の秋に60歳になる私の目から見ると、あきらかにどうかしている。

21世紀にはいって十数年が経過した現在、「夢」は、子供たちが「将来就きたい職業」そのものを意味する極めて*卑近な用語に着地している。なんという、夢のない話であることだろうか。

（小田嶋隆「13歳のハードワーク」晶文社 より）

＊注　うたかた＝水面に浮かぶあわ。はかなく消えやすいもののたとえ。
　　　卑近＝日常的で身近な様子。

【問】傍線部「なんだかつらい話だ」とあるが、現在の子供が「つらい」状況におちいってしまったのは、「かつて」と「現在」とで夢と現実との関係がどう変わってしまったからだと筆者は言っているか。60字以上、80字以内でまとめなさい。

【練習問題17／解説】これは《まとめ問題》の中でも、「違いを説明する問題」にあたります。「かつて」と「現在」とで、子供の夢と現実との関係がどう書かれているかを読み取りましょう。

手順❶　説明すべき部分を本文中から見つける。（具体例ではなく、具体例をまとめた部分から）

「かつて」と「現在」の、夢と現実との関係を本文から探すと、それぞれ次のようになります。

［かつての夢］

・昭和の中頃まで、子供たちが「夢」という言葉を使う時、その「夢」は、**もっと他愛ない、バカバカしいものだった**（3行目）

・本来なら、退屈な現実から逃避するためのヒーロー幻想であったり、叱られた小中学生がうたかた＊の慰安を求めて思い浮かべる絵空事であった「夢」という**多分に無責任な妄想**（12〜13行目）

［現在の夢］

・「夢」という単語が、ほぼ必ず**「職業」に結びつく概念**として語られるようになった（1行目）
・それが、いつの頃からなのか、「夢」は、**より現実的な「目標」じみたもの**に変質した（8行目）
・それは年頃の男女が、一人にひとつずつ必ず持っていなければならない必携のアイテム（9行目）
・就職活動の面接における必須ワード（13行目）
・中高生が考える職業選びの土台（13〜14行目）
・子供たちが**「将来就きたい職業」そのものを意味する極めて卑近な用語**に着地している（16〜17行目）

このあたりから特に太字部分に注目してみると、「夢」とは、次のように考えられます。
［かつての夢］…他愛のない、バカバカしい、無責任な妄想（＝現実とかけ離れたもの）
［現在の夢］……「将来就きたい職業」を意味する、現実的な「目標」じみたもの（＝現実的なもの）

手順❷　❶で見つけた部分を「わかりやすい解答」としてまとめる。

「違いを説明する問題」では、「対比」を明確化して解答を作ることが極めて有効です。
この問題では、次のような「対比」がはっきりしています。

［かつての夢］…現実とかけ離れたもの
［現在の夢］……現実的なもの

そして「違いを説明する問題」では、

Aは○○○だが、

⇔

Bは●●●である。

といったように、**○○○と●●●の「対比」をはっきりと解答の中に示しましょう。**【解答例】の太字部分に注目してください。

【解答例】

かつての夢は、**現実とかけ離れた**無責任な妄想だったが、現在の夢は、将来就きたい職業を意味する、**現実的な**「目標」じみたものに変わってしまったから。（71字）

【練習問題18】次の文章を読んで後の問いに答えなさい。（二〇一一年　武蔵中・改）

＊この文章は、なだいなだ『わが輩は犬のごときものである』の一節です。文中「ぼく」は、動物達に対する人間の「はなもちならぬ優越感」をすてて、自分自身を「犬のごときもの」として書いています。

①「笑い」と「なき」は、似たところをさがそうと思ってみると、非常に似ている。ひとつ、似ているところを数えあげてみよう。たとえば、両方とも、典型的なものは、リズミカルな呼吸運動を基本にしているというところだ。リズムの緩急のちがいはあるが、リズミカルであるという点は共通している。両方とも、顔をしわくちゃにする表情運動であるところも似ている。あまり似ているものだから、人によっては、表情を見ているだけでは、笑っているのか、ないているのか、区別がつかないことさえある。ことに、しわだらけの婆さんには、とまどわされる。なき声と笑い声の区別のつかない人もままある。ハッハッハッといいながらないている人に会って、びっくりしたことがあった。涙はなきに特徴的だということになっているが、諸君だって経験がおありだろうが、笑いすぎると涙は出る。笑いも、まわりの人間をひきこんで攻撃性をおさえる働きを持つが、なきも同様に、まわりの人間に同情を呼びおこし、攻撃性をおさえさせる。こうやって、似たところを見れば、ぼくたちは、これまで二つを対照させてきたことを忘れ、笑いとなきは、同じところに根を持ち、分化してきたものであることを知るのだ。

（中略）

さて、ぼくら犬のごときものは、赤ん坊の時に、まずオギャーオギャーなきをする。

（中略）

オギャーなきは、区別されるのが当然で、本質的には「なき」とは呼べない。悲しいという感情がともなっていないからだ。それは、腹がへった、のどがかわいた、痛いところがある、不快なところがある、といったことを大人に伝えるための信号にすぎない。もちろん、オギャーなきは、涙ぬきである。

　赤ん坊から、子供に成長し、自立への道を歩みはじめるころから、ぼくたち犬のごときものは、ほんとうになきはじめる。つまり涙の出るなきをはじめる。このなきを他の動物がするかどうか、それがしばしば問題にされてきたのである。そして、その頃から、②オギャーはウェーンに発声が変わる。他の大人と競争的な位置に立たされるが、まわりの攻撃性をまともに受けてはたまらない。そこで、攻撃性を一時的におさえる。その役割が、微笑と「なき」に与えられるというわけだ。微笑は攻撃性をおさえる先兵であり、それでだめだとわかると「なき」が第二陣として登場する。加えられはじめた攻撃を中止するためだ。

（なだいなだ『わが輩は犬のごときものである』平凡社 より）

【問一】 傍線部①「『笑い』と『なき』は、似たところをさがそうと思ってみると、非常に似ている」とあるが、「ぼく」が「似ている」と考える、「笑い」と「なき」の共通点を80字以内で説明しなさい。

【問二】 傍線部②「オギャーはウェーンに発声が変わる」とあるが、「オギャー（なき）」と「ウェーン（なき）」には、どのような違いがあると「ぼく」は考えていますか。150字以内で説明しなさい。

【練習問題18／問一／解説】 本問は《まとめ問題》の中でも、「共通点を説明する問題」にあたります。

手順❶　説明すべき部分を本文中から見つける。（具体例ではなく、具体例をまとめた部分から）

本文から「笑い」と「なき」の共通点を探します。

・両方とも、典型的なものは、**リズミカルな呼吸運動を基本にしている**というところだ。リズムの緩急(かんきゅう)のちがいはあるが、**リズミカル**であるという点は共通している。（2〜3行目）
・両方とも、**顔をしわくちゃにする表情運動である**ところも似ている。（3〜4行目）
・**なき声と笑い声の区別のつかない**人もままある。（5〜6行目）
・**涙**はなきに特徴的だということになっているが、諸君だって経験がおありだろうが、笑いすぎると**涙は出る。**（6〜7行目）
・笑いも、**まわりの人間**をひきこんで**攻撃性(こうげきせい)をおさえる**働きを持つが、なきも同様に、**まわりの人間**に同情を呼びおこし、**攻撃性をおさえさせる。**（7〜8行目）

太字部分を中心にその共通点を箇条書きにしてみると、次のような点が挙げられます。

〈リズミカルな呼吸運動を基本にしている〉
〈顔をしわくちゃにする表情運動である〉
〈声が似ている〉
〈涙が出る〉
〈まわりの人間の攻撃性をおさえる〉

手順❷　❶で見つけた部分を「わかりやすい解答」としてまとめる。

解答のルール①　主語・述語・目的語のわかりやすい文にするに注意してまとめます。「共通点を説明しなさい」という設問ですから、文末は「〜点」または「〜こと」で結びましょう。（**解答のルール④　文末表現に注意する**）

【問一／解答例】　ともにリズミカルな呼吸運動を基本とした、顔をしわくちゃにする表情運動であり、その運動時の声が似ていたり、涙が出たり、まわりの人間の攻撃性をおさえる点。（75字）

・・・・・・・・・・・・・・・・・・・・・・・・・・・・・・・・・・・・

【練習問題18／問二／解説】「オギャー（なき）」と「ウェーン（なき）」についての「違いを説明する問題」です。【練習問題17】でやったように、**「違いを説明する問題」では「対比」を意識します。**

手順❶　説明すべき部分を本文中から見つける。（具体例ではなく、具体例をまとめた部分から）

「オギャー（なき）」

・さて、ぼくら犬のごときものは、**赤ん坊**の時に、まずオギャーオギャーなきをする。（12行目）

・オギャーなきは、区別されるのが当然で、**本質的には「なき」とは呼べない**。**悲しいという感情がともなっていないからだ**。（14〜15行目）

・それは、**腹がへった、のどがかわいた、痛いところがある、不快なところがある、**といったことを大人に伝えるた**めの信号**にすぎない。（15〜16行目）

・もちろん、オギャーなきは、**涙ぬき**である。（16行目）

「ウェーン（なき）」
・赤ん坊から、**子供**に成長し、自立への道を歩みはじめるころから、ぼくたち犬のごときものは、ほんとうになきはじめる。つまり**涙の出るなき**をはじめる。（17～18行目）
・**攻撃性を一時的におさえる**。その役割が、微笑（びしょう）と「なき」に与えられるというわけだ。（20～21行目）
・**加えられはじめた攻撃を中止するため**だ。（21～22行目）

以上の本文の太字部分に注目して、「オギャー（なき）」と「ウェーン（なき）」の違いを対比的に見てみましょう。
［オギャー（なき）］…赤ん坊のときのなき／涙の出ない、悲しいという感情をともなわない、本質的には「なき」とは呼べないもの／自分の腹がへった、のどがかわいた、痛いところがある、不快なところがある、といったことを大人（おとな）に伝えるための信号
［ウェーン（なき）］…子供のときのなき／涙の出るなき／自分に加えられる攻撃を中止させるもの

手順❷　❶で見つけた部分を「わかりやすい解答」としてまとめる。

さて、❶を「わかりやすい解答」にするにあたっては、二つの注意点があります。

一つ目。「オギャー（なき）」の〈自分の腹がへった、のどがかわいた、痛いところがある、不快なところがある、といったこと〉は、そのまま解答に入れるには長すぎます。ここは〈自分の伝えたいこと〉などと短くまとめましょう。

二つ目。本文の記述から「オギャー（なき）」と「ウェーン（なき）」を対比させると、次のようになります。

［オギャー（なき）］…涙が出ない／悲しいという感情をともなわない／本質的には「なき」とは呼べない
⇔　⇔　⇔
［ウェーン（なき）］…涙が出る　／（本文に記述ナシ）／なき

ここで考えて欲しいことは、「ウェーンなき」について、本文には「感情」についての記述がないことです。ただし、「オギャーなき」と対比させて考えてみると、当然、「ウェーンなき」は「悲しいという感情をともなう」ものだと考えられますね。ですから、解答の中にも「ウェーンなき」には「悲しいという感情をともなう」ということを入れるのがよいでしょう。つまり、左のように考えます。

［オギャー（なき）］…涙が出ない／悲しいという感情をともなわない／本質的には「なき」とは呼べない
⇔　⇔　⇔
［ウェーン（なき）］…涙が出る　／**悲しいという感情をともなう**／なき

以上の点をふまえると、次のような解答例が得られます。

【問二／解答例】

「オギャー（なき）」は、涙が出ず、悲しいという感情をともなわない、本質的には「なき」とは呼べない赤ん坊のなき方で、自分の伝えたいことを大人に伝えるための信号だが、「ウェーン（なき）」は、涙も出て感情もともなう子供のなき方で、自分に加えられる攻撃を中止させるためのものという違いがある。（142字）

記述パターン❹　気持ち問題

【練習問題19】次の文章を読んで後の問いに答えなさい。（二〇一九年　開成中・改）

小学三年生の茜は、お母さんといっしょに大きな街から引っ越してきて、今は忠志おじさんと泰子おばさんの家に住んでいます。

このあたりに住んでいるピープル（＝人）たちはお互いに知り合いで、新入りの茜たちのことを同じピープルとは思っていない。最初は親切でも、しばらくここに住むとわかると、とたんに警戒する目つきになる。泰子おばさんもそうだ。母ちゃんが「しばらくお世話になります」と言ったときには、「ずっといていいんだよ」と笑ってくれたのに、泰子おばさんの「ずっと」は十日間ぐらいだった。最近は茜が、おはよう、おやすみなさい、とあいさつしても、返事をしてくれない。「いただきます」のときは、たんぼを荒らすカラスを見る目つきになる。母ちゃんにわざと聞こえるように忠志おじさんに言う。いつまでいる気だろうね。あんた、きちんと食費をもらってよね。

（荻原浩『空は今日もスカイ』集英社　より）

【問】傍線部「たんぼを荒らすカラスを見る目つきになる」とありますが、ここで茜は泰子おばさんのどのような気持ちを読み取っていますか。30字以上45字以内で説明しなさい。

【練習問題19／解説】さて、いよいよ《気持ち問題》です。改めて手順を確認してください。

《気持ち問題》の解き方の手順

手順❶　言動・情景描写から「気持ち」を読み取る。（映像化してイメージする）

手順❷　その「気持ち」になった「理由」を本文中から読み取る。

手順❸　「理由＋気持ち（結果）」の文を作り、「理由」と「気持ち（結果）」の因果関係が正しいかどうかを確かめる。

手順❹　「理由＋気持ち」を「わかりやすい解答」に整える。

手順❶　言動・情景描写から「気持ち」を読み取る。（映像化してイメージする）

人物の「気持ち」は、「言動（セリフ、行動、表情）」または「情景描写」から読み取ります。「何となくこうかな」とか「自分ならこう思う」といった感覚的なものではなく、本文に書かれている言動や情景描写から読み取ることが大切です。《気持ち問題》も本文主義です。さて、ここでは茜が読み取った泰子おばさんの「気持ち」を問われていますから、泰子おばさんの「言動」に着目して「気持ち」を読み取りましょう。本文にこうあります。

・たんぼを荒らすカラスを見る目つきになる（5行目）

ここから「気持ち」を読み取りますが、これをそのまま〈たんぼを荒らすカラスを見るような気持ち〉としてはいけませんね。なぜでしょうか？

「たんぼを荒らすカラスを見る目つき」というのは比喩だからです。したがって、**解答のルール②指示語・比喩・わかりにくい表現は具体化して言いかえる**より、比喩を使わずに「気持ち」を表さなければなりません。「たんぼを荒らすカラスを見る目つき」をしている泰子おばさんを頭の中で映像化してイメージしてみましょう。いかにもイヤなものを見る目つきですよね。「たんぼを荒らすカラス」というのは迷惑な存在ですから、〈迷惑に思っている〉といった「気持ち」とすればよいでしょう。また、

・いつまでいる気だろうね（6行目）

という泰子おばさんのセリフから、〈早く出て行って欲しい〉といった「気持ち」も読み取れます。

ところで、ここでは〈迷惑に思っている〉〈早く出て行って欲しい〉という二つの「気持ち」を読み取りました。このように、「気持ち」はいつも一つとは限りません。もちろん、一つしか「気持ち」を読み取れない場合もありますが、**複数の「気持ち」を読み取れる場合は、なるべく複数の「気持ち」を解答に入れる方がよいでしょう**。その方が解答として豊かなものになり、「減点されにくい解答」にもなります。ちょっとしたコツです。

手順❷　その「気持ち」になった「理由」を本文中から読み取る。

では、なぜ泰子おばさんは〈迷惑に思っている〉〈早く出て行って欲しい〉という「気持ち」を感じたのでしょうか。

・いつまでいる気だろうね。あんた、きちんと食費をもらってよね（6行目）

この部分から、〈食費も払わずにいつまでもいるから〉といった「理由」が考えられますね。

手順❸　「理由＋気持ち（結果）」の文を作り、「理由」と「気持ち（結果）」の因果関係が正しいかどうかを確かめる。

〈食費も払わずにいつまでもいるから（理由）、迷惑に思っている（気持ち）〉↓因果関係ＯＫ
〈食費も払わずにいつまでもいるから（理由）、早く出て行って欲しい（気持ち）〉↓因果関係ＯＫ

手順❹　「理由＋気持ち」を「わかりやすい解答」に整える。

〈食費も払わずにいつまでもいる〉のは誰かといえば「茜と母」ですから、**解答のルール①　主語・述語・目的語のわかりやすい文にする**に注意して、「茜と母」を主語にするか（解答例1）、「茜と母」を目的語として（解答例2）解答を作ります。また、**【問】**には「泰子おばさんの**どのような気持ち**を読み取っていますか」とありますから、解答の文末は「〜気持ち」としましょう。（**解答のルール④　文末表現に注意する**）

【解答例1】　茜と母が食費も払わずにいつまでもいることを迷惑に思い、早く出て行って欲しいという気持ち。（44字）

【解答例2】　食費も払わずにいつまでもいる茜と母を迷惑に思い、早く出て行って欲しいという気持ち。（41字）

【練習問題20】次の文章を読んで後の問いに答えなさい。（二〇一五年　麻布中）

就職が決まらない鵜川潤平（うかわじゅんぺい）は、アパートのとなりの部屋に住む小学生の勝野勇大（ゆうだい）と、ライギョつりを教えることを通じて親しくなり、料理なども教えるまでになっています。

日曜日の午前中も、二人でライギョつりをした。前回よりも長い時間、勇大にロッドを持たせてやったところ、やや小ぶりな二匹をつりあげた。特に二匹目の五十センチ台の方は、潤平はほとんど指示を出さずに「あそこにいるみたいだぞ」と教えてやっただけだったので、勇大が一人でつったものといえた。

その週の水曜日にもいっしょに夕食を食べた。このとき、潤平は見守るだけで、ほとんどを勇大にやらせた。飯はちゃんとたけており、みそしるの味もまあまあの出来だった。勇大は食べながら何度も「おいしい」と喜んでいたが、多分それは自画自賛ではないのだろう。きっと、自分で作ったということや、だれかといっしょにそれを食べるということが、味を格別なものにしているのだ。

次の日曜日は残念ながら雨が降っていた。潤平がもしやと思ってドアを開けると、勇大がアパートの鉄階段のところに座って、空を見上げていた。「今日はだめだな。また今度な」と潤平が声をかけると、勇大は少しがっかりしたように「うん」とうなずいて、自宅にもどった。

（山本甲士（こうし）『あたり　魚信』文藝春秋　より）

【問】傍線部「勇大がアパートの鉄階段のところに座って、空を見上げていた」とありますが、このときの勇大の気持ちを40字以上60字以内で説明しなさい。

【練習問題20／解説】《気持ち問題》では、なんとなくこんな気持ちだろうというフィーリングではなく、具体的な言動・情景描写から「気持ち」を読み取ることが大切です。そのあたりをしっかり確認してください。

手順❶　言動・情景描写から「気持ち」を読み取る。（映像化してイメージする）

傍線部のときの勇大の「気持ち」は、次のようなところから読み取れるのではないでしょうか。それぞれの勇大の様子を映像化してイメージします。

・勇大は少しがっかりしたように（9行目）

「がっかりした」ということは何かを期待していたわけですね。それは何を期待していたかといえば、「雨が上がること」でしょう。したがって、ここでの勇大の「気持ち」としては、〈雨が上がることを期待している〉というのが考えられます。

・勇大がアパートの鉄階段のところに座って、空を見上げていた（8～9行目）

また、わざわざ部屋の外に出て空を見上げているということから、〈ライギョつりをあきらめきれない〉といった「気持ち」もうかがえるのではないでしょうか。「雨さえ上がればライギョつりに行けるのになあ…」というような気持ちです。

手順❷　その「気持ち」になった「理由」を本文中から読み取る。

・次の日曜日は残念ながら雨が降っていた（8行目）
・「今日はだめだな。また今度な」と潤平が声をかけると、勇大は少しがっかりしたように「うん」とうなずいて、自宅にもどった（9～10行目）

本文に直接的には書かれていませんが、右に挙げた部分から、〈雨が上がればライギョつりに行くことができると思っていたから〉といった「理由」が読み取れます。潤平が「今日はだめだな。また今度な」と言ったことに対して、勇大が少しがっかりしたようにうなずいたことからも、雨が降っているからライギョつりには行けないことを勇大が理解していたことがうかがえます。

手順❸　「理由＋気持ち（結果）」の文を作り、「理由」と「気持ち（結果）」の因果関係が正しいかどうかを確かめる。

〈雨が上がればライギョつりに行くことができると思っていたから(理由)、雨が上がることを期待している(気持ち)〉
↓因果関係ＯＫ
〈雨が上がればライギョつりに行くことができると思っていたから（理由）、ライギョつりをあきらめきれない（気持ち）〉↓因果関係ＯＫ

手順❹　「理由＋気持ち」を「わかりやすい解答」に整える。

これまでのことを整理してみると、次のようになります。
［理由］……雨が上がればライギョつりに行くことができると思っていたから
［気持ち］…雨が上がることを期待している／ライギョつりをあきらめきれない
これらから、次のような解答例を作ることができます。

【解答例】

雨が上がればライギョつりに行けるのにという思いから、ライギョつりをあきらめきれず、雨が上がることを期待している。（56字）

【練習問題21】次の文章を読んで後の問いに答えなさい。（二〇一五年　麻布中）

就職が決まらない鵜川潤平（うかわじゅんぺい）は、アパートのとなりの部屋に住む小学生の勝野勇大（ゆうだい）と、ライギョつりを教えることを通じて親しくなり、料理なども教える関係になっています。

ある日、潤平のもとに、勝野勇大の担任の横山先生が訪ねてきます。

横山先生は「勝野君、最近になって急に元気が出てきたというか、目のかがやきがちがってきましてね」と切り出した。「それまではおとなしいというか、おどおどしているというか、自信のなさそうなところがあって、クラスメートからも軽く見られて、ばかにされているような感じだったんですよ。だから心配していたんですが」横山先生は相変わらず小声だった。「本人に事情を聞くタイミングをはかっていたところだったんですが、かれが書いた作文でわかりました」

横山先生はそう言って、原稿用紙（げんこう）を出してよこした。「かれは作文を書かせても一枚分でもなかなか書けない子だったんです。そのかれが、ものすごい勢いで一気に三枚も書いたんですよ」

「ライギョつり」という題名の作文だった。となりに住んでいるお兄ちゃんにライギョつりを教わったことが書かれてあった。文章は*つたないが、勇大がライギョつりに夢中であることや、初めてつり上げたときの興奮などが伝わってくる内容だった。さらには、ライギョの生態や*ルアーフィッシングの方法とマナー、できるだけライギョにダメージを与えないようにつることが大切だといったことも書かれてあった。

読み終わったのを確認（かくにん）して横山先生が「いい作文だと思ったので、授業で本人に朗読させたんですよ」と続けた。「それ以来、他の男子児童たちの勝野君に対する態度も変わったような気がします」

へえ、そうだったのか。潤平は心の中で、もしかしておれのおかげ？　と少々鼻を高くした。

（山本甲士『あたり―魚信』文藝春秋　より）

＊つたない……下手であること

＊ルアーフィッシング……小魚や虫などに似せてつくったつり針（ルアー）を用いて行うつり

【問】傍線部「潤平は心の中で、もしかしておれのおかげ？　と少々鼻を高くした」とありますが、このときの潤平の気持ちを40字以上60字以内で説明しなさい。

【練習問題21／解説】【練習問題20】の続きの文章からの出題です。

手順❶　言動・情景描写から「気持ち」を読み取る。（映像化してイメージする）

・少々鼻を高くした（14行目）

潤平の「気持ち」は、傍線部のこの「言動」から読み取れますね。「鼻が高い」とは、「誇らしく思う」とか「得意になる」といった意味の慣用表現ですから、〈自分を誇らしく思っている〉〈得意になっている〉といった「気持ち」になるでしょう。

手順❷　その「気持ち」になった「理由」を本文中から読み取る。

潤平はなぜ〈自分を誇らしく思っている〉〈得意になっている〉のでしょうか。その「理由」と考えられるところを本文から探してみると、次のような部分が見つかります。いくつかあるので、**短く分けて考える**ことが大切です。

・勝野君、最近になって急に元気が出てきたというか、目のかがやきがちがってきましてね（1行目）
・それまではおとなしいというか、おどおどしているというか、自信のなさそうなところがあって、クラスメートからも軽く見られて、ばかにされているような感じだったんですよ（2〜3行目）
・となりに住んでいるお兄ちゃんにライギョつりを教わったことが書かれてあった（8〜9行目）
・他の男子児童たちの勝野君に対する態度も変わったような気がします（13行目）
・もしかしておれのおかげ？（14行目）

これらの部分から「理由」をまとめてみましょう。例えば、こんな感じではいかがでしょうか。

〈勇大が元気になり、クラスメートから軽く見られなくなったのは自分がライギョつりを教えたからだと知ったから〉

手順❸　「理由＋気持ち（結果）」の文を作り、「理由」と「気持ち（結果）」の因果関係が正しいかどうかを確かめる。

〈勇大が元気になり、クラスメートから軽く見られなくなったのは自分がライギョつりを教えたからだと知ったか

ら〈理由〉、自分を誇らしく思い、得意になっている〈気持ち〉〉↓因果関係ＯＫ

手順❹「理由＋気持ち」を「わかりやすい解答」に整える。

手順❸の段階では71字ありますから、これを上手く40字以上60字以内に整えます。たとえば〈自分がライギョつりを教えたから〉↓〈自分のおかげ〉などと言いかえるのがよいでしょう。

【解答例】

勇大が元気になり、クラスメートからばかにされなくなったのは自分のおかげだと知り、自分が誇らしく、また得意にもなっている。（60字）

【練習問題22】次の文章を読んで後の問いに答えなさい。（二〇一六年　駒場東邦中・改）

かつて隣の家に住んでいた、私の「理想の男性」である順ちゃんが、九年ぶりにアメリカから帰ってくることになり、姉と私は順ちゃんからの電報を待っています。

待ちに待った順ちゃんからの電報が来た時、私たちは玄関（げんかん）にいた。おねえさんは会社へ、私は学校へいこうとして。配達さんの手にあるのが、外国電報とわかったとたん、私は「わっ……」と声をあげた。

「おねえさん、来た！　順ちゃんからよ！」

おねえさんは、私がさわぎたてる時のくせで、ちょっと眉（まゆ）をよせてみせ、そのくせ、配達さんには、あいそよく笑って、

「御苦労（ごくろう）さま！」

電文には、"Arriving Saturday. PAA Flight I. Jun."（「土曜日ＰＡＡフライトＩで着く。順」の意）とあった。

「フライトＩって、なんだろ。」と私はせきこんで言った。

「飛行機のナンバーよ。それで時間がわかるのよ。あたし、きょう、交通公社（旅行業務をあつかう公共企業）で聞いてみるわ。さあ、いよいよやってくるのね！」

静かな姉も、さすがに昂奮（こうふん）したように言って、私たちは、十月はじめのその朝、足どりも軽く駅にいそいだ。

その夕、おねえさんが帰って、順ちゃんの飛行機は午後十時十五分とわかった。私には、それまでの二、三日が、ワクワクの連続だった。とにかく、順ちゃんといえば、私たちにとっては、まったくとくべつな存在だったから。

（中略）

順ちゃんのつく日は、あいにく、霧がたちこめていた。爆音が大きくなったと思うと、もうその大きな飛行機は、滑走路を私たちの方へすべってくるところだった。

私は送迎所の手すりからのりだして、窓だけ明るい飛行機を、じっと立っていられない気もちで見つめていた。あの中に順ちゃんがとじこめられている！　すぐタラップが飛行機の胴中にくっついて、係員らしき人が、上ったりさがったりしてから、やっと乗客たちが、出口にあらわれた。一人出てくる毎に、どこかで声があがった。十五、六人めに、うす水色に見えるコートに、あさ黒い顔の青年が、照明の中にうきあがった。

「わァ順ちゃんだ！」間髪を入れずに、私はどなった。

「およしなさいよ、そんな声だすの。まだよくわからないじゃないの。」

でも、私の声は、もうとまらなかった。だって、順ちゃんが、手をふったのだもの。

「順ちゃあん！」私も手をふった。

姉も声をかけだした。いま、おとなりに住んでいる板倉さんの人たちも呼んだ。

順ちゃんは、タラップをおりてくると、うれしそうに笑いながら、私たちの足下まで来て、手をふり、それから、税関の中へ消えた。

私は、もうはァはァになって、姉の手をひっぱって、税関の出口の階段の上へまわった。

ジリジリする二十分がすぎて、検査のすんだ四、五人が出てきたが、その中に順ちゃんがいた！　まあ、ダディーにそっくり、と私は思った。順ちゃんは、階段をかけあがってくると、そこに立ちならぶ人垣にざっと目をさらし、笑顔でまっすぐ私のところへやってきて、

「ヤス！……」

「あら、あたし、とも子よ！」私は、ぎょうてんして言った。私の耳にも、私の声が悲鳴にきこえた。

順ちゃんは、正直にぱくっと口をあけ、「え、とも子こんなに大きくなったの！」というまに、順ちゃんの目は、私のななめうしろに立っている、ひっつめ髪（無造作にゆった女性の髪型）のおねえさんをさがしあてていた。

「ヤス！」順ちゃんは、私のわきをすりぬけて、おねえさんの手をとっていた。

みるみるうちに、おねえさんの目に、涙がいっぱいにたまった。

もちろん、私には……、その時、おねえさんの頭に去来した、いろんな思いが、わかった。戦争のこと、両親の死、それから三宅家のさしのべてくれたあたたかい手。

でも……、同時に私には、この再会のシーンは、ショックだった。

おねえさんは笑って、すぐ涙を払うと、順ちゃんを、かれが、これから同居する板倉家の人たちに紹介した。そして、私たちは、にぎやかに家に帰ってきた。

その晩、私はよく眠れなかった。

なんて思いがけない、へんてこなことになってしまったんだろ、と私は思った。私は、それまで勝手に順ちゃんを、私のプリンス・チャーミング（おとぎ話でシンデレラと結婚する王子）にきめていたんだ。順ちゃんは、眠り姫（王子のキスで目をさますおとぎ話の主人公）の私の目をさましに、日本にやってくるはずだった。それなのに……ことによったら、あの時、十七だった順ちゃんには、二十二のおねえさんが、初恋の人だったんじゃないかな……。

（石井桃子『春のあらし』河出書房新社 より）

【問】本文中の［　　］で囲まれた箇所での、私の順ちゃんへの気持ちの変化を80字以内で説明しなさい。

【練習問題22／解説】「私」の順ちゃんへの気持ちが［　　］の中で大きく変化しています。ですからこれは《気持ちの変化の問題》として考えましょう。手順を丁寧に確認しながらやります。

《気持ちの変化の問題》の解き方の手順

手順❶　「変化後の気持ち」を読み取る。

手順❷　「変化後の気持ちの理由（変化のきっかけ）」を本文中から読み取る。

手順❸　「変化前の気持ち」を読み取る。（「変化後の気持ち」の逆になっていることが多い）

手順❹　「変化前の気持ちの理由」を本文中から読み取る。

手順❺　「変化前の気持ちの理由＋変化前の気持ち＋変化後の気持ちの理由（変化のきっかけ）＋変化後の気持ち」で解答を書く。

手順❶　「変化後の気持ち」を読み取る。

《気持ちの変化の問題》では、「変化前の気持ち」と「変化後の気持ち」で、「気持ち」がどのように変化したかを説明します。手順としては、まず、私の「変化後の気持ち」を私の言動から読み取ります。すると、［　　］の中の最後で、

・でも……、同時に私には、この再会のシーンは、ショックだった。（41行目）

とありますから、ここでの私の「気持ち」は、〈驚き〉や〈落ち込んでいる〉などが考えられます。特に、ここでの「ショックだった」というのは〈驚き〉だけではなく、期待や予想に反していたという意味も含まれますから、〈落ち込んでいる〉〈がっかりしている〉といった「気持ち」も読み取りたいところです。

手順❷　「変化後の気持ちの理由（変化のきっかけ）」を本文中から読み取る。

では、なぜ私は〈驚き〉、〈落ち込んでいる〉のでしょう。その「理由」にあたる部分を本文から探すと、次のあたりが見つかります。

・「ヤス！……」
「あら、あたし、とも子よ！」私は、ぎょうてんして言った。私の耳にも、私の声が悲鳴にきこえた。（33〜34行目）
・「ヤス！」順ちゃんは、私のわきをすりぬけて、おねえさんの手をとっていた。（37行目）

これらから、「変化後の気持ちの理由（きっかけ）」は、〈順ちゃんが自分を姉と間違えた上に、自分には見向きもせずに姉の手を取ったから〉などと考えられます。

念のため、「理由＋気持ち（結果）」の文を作って因果関係も確かめておきます。

〈順ちゃんが自分を姉と間違えた上に、自分には見向きもせずに姉の手を取ったから（理由）、驚き、落ち込んでいる（気持ち）〉→因果関係ＯＫ

手順❸　「変化前の気持ち」を読み取る。（「変化後の気持ち」の逆になっていることが多い）

次に「変化前の気持ち」を読み取ります。[　　]で囲まれた箇所の前半部分の、

・「わァ順ちゃんだ！」間髪（かんはつ）を入れずに、私はどなった。（22行目）
・でも、私の声は、もうとまらなかった。だって、順ちゃんが、手をふったのだもの。（24行目）
・私は、もうはァはァになって、姉の手をひっぱって、税関の出口の階段の上へまわった。（29行目）

といった私の言動から、〈喜び〉〈興奮〉というような「気持ち」が読み取れます。

手順❹　「変化前の気持ちの理由」を本文中から読み取る。

では、なぜ私は〈喜び〉〈興奮〉といった「気持ち」を抱いていたのでしょうか。

・私の「理想の男性」である順ちゃんが、九年ぶりにアメリカから帰ってくることになり（まえがき部分）
・私は送迎（そうげい）所の手すりからのりだして、窓だけ明るい飛行機を、じっと立っていられない気もちで見つめていた。（18行目）

[　　]で囲まれた箇所の以前に、私は、「理想の男性」である順ちゃんに九年ぶりに会えることが待ちきれない状態でいました。そして、これは先ほども確認した箇所ですが、

・「わァ順ちゃんだ！」間髪（かんはつ）を入れずに、私はどなった。（22行目）
・でも、私の声は、もうとまらなかった。だって、順ちゃんが、手をふったのだもの。（24行目）

というように、その順ちゃんに再会することができたわけです。

また、［　］で囲まれた箇所の後の、

・私は、それまで勝手に順ちゃんを、私のプリンス・チャーミング（おとぎ話でシンデレラと結婚する王子）にきめていたんだ。順ちゃんは、眠り姫（王子のキスで目をさますおとぎ話の主人公）の私の目をさましに、日本にやってくるはずだった。（45〜47行目）

というくだりからも、私がいかに順ちゃんとの再会を楽しみにしていたかがうかがえます。

これらのことから、「変化前の気持ちの理由」は、〈「理想の男性」である順ちゃんに再会できたから〉などと考えられます。（ちなみに、「理想の男性」の部分は、「私の王子」などでもよいでしょう）

こちらも念のため、「理由＋気持ち（結果）」の文を作って因果関係も確かめておきましょう。

〈「理想の男性」である順ちゃんに再会できたから（理由）、喜び、興奮していた（気持ち）〉↓因果関係ＯＫ

手順❺「変化前の気持ちの理由＋変化前の気持ち＋変化後の気持ちの理由（変化のきっかけ）＋変化後の気持ち」で解答を書く。

さて、これまで考えてきたことをまとめてみます。

［変化前の気持ちの理由］…「理想の男性」である順ちゃんに再会できたから
［変化前の気持ち］…………喜び、興奮
［変化後の気持ちの理由］…順ちゃんが自分を姉と間違えた上に、自分には見向きもせずに姉の手を取ったから
［変化後の気持ち］…………驚き、落ち込んでいる

あとはこれらをもとに「わかりやすい解答」を作りましょう。

【解答例】

「理想の男性」である順ちゃんに再会できた喜びで興奮していたが、順ちゃんが自分を姉と間違えた上に、自分には見向きもせずに姉の手を取ったことに驚き、落ち込んでいる。（80字）

【練習問題23】 次の文章を読んで後の問いに答えなさい。（二〇一八年　市川中）

中学三年生の雅之君は元イラストレーターでホームレスのバンさんに、たびたび絵の手ほどきを受けていた。バンさんから絵の新しい可能性を学び、ますます絵画にのめり込んでいく雅之君。そんなある日、多摩川周辺が大型台風に襲われる。橋の下で暮らしていたバンさんを心配する雅之君は河原に向かった。

わずかな水溜まりのなかで、ザリガニが泥の輪を作った。まわりは干上がっている。雅之君はザリガニの尻尾をつかんでバケツに入れると、また流れまで運んでいった。すると途中で深い泥にはまり、制服のズボンを汚した。泥だらけのバスケットシューズは自分で洗うつもりだったが、ズボンは自信がなかった。母親がぶち切れた時の、半ば悲鳴のような声を雅之君は覚悟した。

バンさんに会わなくなったのも、母親のその声がきっかけだった。

橋の下にいる雅之君を偶然見かけたという近所の人から、ご丁寧にも電話がかかってきたらしい。母親は問いつめてきた。しばしの沈黙のあと、雅之君は答えた。ホームレスのバンさんと空き缶をつぶしていたと。

迷いはあったが、雅之君が正直なことを言ったのには理由があった。

教室でも美術部でも、雅之君が一人浮いていることを母親は常々心配し、口にした。だから、親しい人ができた、安心していいよという意味で言ったのだ。しかし母親は「なぜあんな人たちと！」と叫び、そのまま顔を覆って泣き出してしまった。

「なんで？　自分がなにをやっているのかわかっているの？」

雅之君はうろたえた。ホームレスにいい感情を持っていない人たちがいることを雅之君は知っていた。雅之君だって、バンさんと初めて言葉を交わした時は恐かったし、緊張した。でも、ここまでの反応を見せる母親が雅之君には理解できなかった。まるで犯罪者呼ばわりだった。バンさんとつき合っていると言った自分までも、母親は許さないといった目の色で見るのだった。

（ドリアン助川『台風のあとで』ポプラ社　より）

【問】傍線部「しばしの沈黙のあと、雅之君は答えた」とあるが、ここでの雅之君の気持ちを80字以内で説明しなさい。

【練習問題23／解説】《気持ちの葛藤》の問題です。相反する二つの気持ちがあることは、本文の次のような部分からわかります。

・しばしの沈黙のあと、雅之君は答えた（7行目）
・迷いはあった（8行目）

《気持ちの葛藤の問題》の解き方の手順

手順❶　二つの相反する「気持ちA」と「気持ちB」をそれぞれ読み取る。

手順❷　「気持ちA」の「理由A」と「気持ちB」の「理由B」をそれぞれ本文中から読み取る。

手順❸　「理由＋気持ち（結果）」の文をA、Bそれぞれ作り、「理由」と「気持ち（結果）」の因果関係が正しいかどうかを確かめる。
手順❹　「理由A＋気持ちA＋理由B＋気持ちB」で解答を書く。

手順❶　二つの相反する「気持ちA」と「気持ちB」をそれぞれ読み取る。

では、どんな気持ちの葛藤があったのでしょうか。雅之君の言動に着目して「気持ちA」「気持ちB」を読み取ります。まず、「気持ちA」としては次のあたりでしょうか。

・母親がぶち切れた時の、半ば悲鳴のような声を雅之君は覚悟（かくご）した。バンさんに会わなくなったのも、母親のその声がきっかけだった。（3〜5行目）↓〈怒られるのではないかという不安〉
・しばしの沈黙のあと、雅之君は答えた（7行目）
・迷いはあった（8行目）
↓〈本当のことを言うことへのためらい〉

一方、「気持ちB」としては次のあたりから読み取ることができます。

・親しい人ができた、安心していいよという意味で言ったのだ。（9〜10行目）

↓〈母を安心させたいという気持ち〉

このあたりをまとめると、二つの相反する気持ちとして、次のように考えられますね。

「気持ちA」…〈怒られるのではないかという不安と、本当のことを言うことへのためらい〉

「気持ちB」…〈母を安心させたいという気持ち〉

手順❷　「気持ちA」の「理由A」と「気持ちB」の「理由B」をそれぞれ本文中から読み取る。

なぜ「気持ちA」＝〈怒られるのではないかという不安と、本当のことを言うことへのためらい〉を感じたのでしょう。その「理由A」は、本文の次のあたりから読み取れるのではないでしょうか。

・ホームレスにいい感情を持っていない人たちがいることを雅之君は知っていた（13行目）

↓〈母もホームレスにいい感情を持っていないのではないかと思ったから〉

なぜ「気持ちB」＝〈母を安心させたいという気持ち〉を感じたのかという「理由B」は、次のあたりから読み取れます。

・教室でも美術部でも、雅之君が一人浮いていることを母親は常々心配し、口にした。（9行目）

↓〈親しい人のいない自分を母は心配していたから〉

手順❸　「理由＋気持ち（結果）」の文をA、Bそれぞれ作り、「理由」と「気持ち（結果）」の因果関係が正しいかどうかを確かめる。

A…〈母もホームレスにいい感情を持っていないのではないかと思ったから（理由A）、怒られるのではないかという不安と、本当のことを言うことへのためらい（気持ちA）を感じた〉↓因果関係ＯＫ

B…〈親しい人のいない自分を母は心配していたから（理由B）、母を安心させたいという気持ち（気持ちB）を感じた〉↓因果関係ＯＫ

手順❹　「理由A＋気持ちA＋理由B＋気持ちB」で解答を書く。

手順❸までに考えたことをそのまま解答としてまとめると、次のようになります。

〈母もホームレスにいい感情を持っていないのではないかと思ったから、怒られるのではないかという不安と、本当のことを言うことへのためらいを感じたが、親しい人のいない自分を母は心配していたから、母を安心させたいという気持ちを感じた〉（111字）

もちろん、これは内容としては間違いではありませんが、大幅に指定字数を超えてしまいます。したがって、**解答のルール①　主語・述語・目的語のわかりやすい文にする**に注意して、80字以内に上手くまとめましょう。30字以上短くしますから、大胆に言いかえる必要がありそうです。

手順❸までで考えたことをなるべく活かした【解答例1】と、特に前半を大きく言いかえた【解答例2】を示してみます。参考にしてみてください。

【解答例1】

ホームレスに会っていたことを母がよく思わず、怒られるかもしれないという不安から言うのをためらったが、親しい人ができたことを伝え、心配する母を安心させたかった。（79字）

【解答例2】

母に怒られるのではないかという不安から、ホームレスのバンさんに会っていたと言うのをためらったが、親しい人ができたことを伝え、心配する母を安心させたいと思った。（79字）

第二章 読み方の技術

1 論説文のマーク

さてここからは、実際に本文を読んでいくときに、どこに「マーク（線引き）」をしながら読めばいいのかという話です。よく「大切なところにマークして読もう」などと言われることがありますが、その「大切なところ」がどこなのかがわからないから線が引けないいんですよね。——というわけで、「大切なところとはどこなのか」ということを明らかにしながら、マークすべきところを説明していきます。

ただその前に、「マーク（線引き）」とはそもそも何のためにするのでしょうか。——念のため、ここのところからお話ししていきたいと思います。

記述問題を解くためには、まずは本文を正しく理解する必要があります。本文を正しく読み取れなければ記述問題は解けません。——当たり前といえば当たり前ですね。

ところが、中学受験国語の読解問題の文章を正しく読むことはなかなかムズカシイ……。すでにお話ししたように、中受国語で用いられる文章は、そもそも小学生向けの文章ではありませんからね。ムズカシイと感じて当然なんです。ただ、それでも解くためには正しく読まなければなりません。何かいい方法がないでしょうか……。

はい。その答えの一つが「マーク（線引き）」なんですね。マークをすることによって、本文を正しく読む手掛かりができます。少し長くなるかもしれませんが、大切なことなのでよく頭に入れてくださいね。

まず、中学受験国語の読解問題は、大きく次の三つの文章のタイプに分けることができます。

1　論説文（説明文も含む）

2　物語文
3　随筆

そしてそれぞれの文章のタイプによって、何を読み取るべきかが違ってきます。

ここではまず、「論説文（説明文も含む）」を読むときの心がけをお話しします。簡単に言えば、

論説文で特に大切なことは、「筆者の言いたいこと」を読み取ることです。

たったこれだけなのです。言われてみれば簡単ですね。――とはいえ、「筆者の言いたいこと」とは、文章のどこから読み取ればいいのでしょうか。別の言い方をすれば、「筆者の言いたいこと」とは、文章のどこに書かれているのでしょうか。

はい。それがこれからお話しする**「論説文のマーク」**に示した七つの箇所です。

読解問題では、最初に本文を読むときに（これを「一読目」と呼びます）、「論説文のマーク」に示した七箇所にマークすることで、「筆者の言いたいこと」が読み取りやすくなります。

論説文の一読目には「論説文のマーク」の七箇所にマークしながら読む

ちなみに、ここでいう「マークする」とは、――線を引いたり、〈　〉や「　」、あるいは○印などをつけたりすることを指します。マークの仕方はどれでも構いません。自分のやりやすいマークの仕方でよいでしょう。

〈論説文のマーク① 主張表現・強調表現〉

ではここからは、「論説文のマーク」としてマークすべき一つ目の箇所について詳しく説明していきます。論説文の一読目には、**主張表現・強調表現をマークする**ということです。

論説文には、何かしら筆者の主張したいことや強調したいことが書かれています。そしてその部分が「筆者の言いたいこと」に当たります。ですから、文章中の主張表現や強調表現は、「筆者の言いたいこと」を読み取るための一番わかりやすい目印になります。

▼**主張表現**とは、筆者の意見や考えを強く読者に勧めたり、訴えかけたりする表現のことです。

代表的な主張表現――**「しょう」「した方がいい」「すべき」「ねばならない」「～ではなかろうか」「～でよいのだろうか（反語）」**など。

▼**強調表現**とは、意見や事実を強調する表現です。

代表的な強調表現――**「必要」「重要」「大切」「こそ」「まさに」「実は」「問題は」**など。

［例1］織田信長を倒すためには、大勢の大名の力を借りなければならない。（主張表現）

［例2］織田信長を倒すのに、たったこれだけの鉄砲でいいのだろうか（いや、いいはずがない）。（主張表現（反語））

［例3］織田信長を倒すには、やはり明智光秀の力が必要だ。（強調表現）

［例4］織田信長を倒せるかどうかは、まさに（強調表現）本能寺の変にかかっている。

主張表現や強調表現が用いられている一文は、「筆者の言いたいこと」が書かれている一文として大切です。一文全体にマークしておきましょう。

なお、具体的な主張表現や強調表現は事前に覚えてしまい、論説文の一読目の際に、素早くマークできるようにするのが望ましいですね。

〈論説文のマーク②　具体例の前後のまとめ部分〉

論説文には、必ずと言っていいほど「具体例」があります。筆者の体験談であったり、さまざまな事実の記述だったり……。ですがそもそも、具体例とは何のために書かれるのでしょうか。

――簡単に言えば、**具体例とは、筆者が自分の言いたいことをわかりやすく読者に伝えるために書かれているの**ですね。逆に言えば、具体例があるということは、その具体例を通して何かしら筆者の言いたいことがあるわけです。

そして多くの場合、**筆者の言いたいことは具体例の直前か直後に書かれています**。次のような「サンドイッチ」のイメージですね。

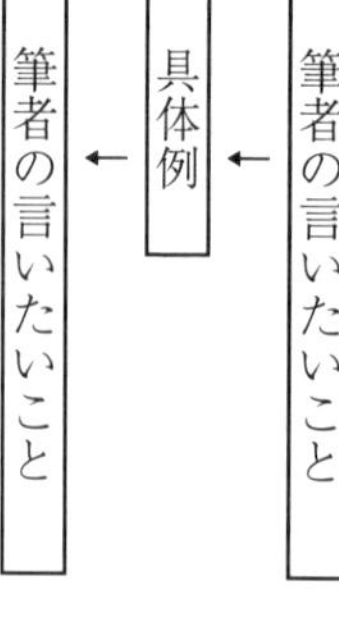

「筆者の言いたいこと」は、具体例の前にあるかもしれませんし、後ろにあるかもしれません。または、具体例の前後両方に書かれているかもしれません。これは文章によって異なります。しかしいずれにせよ、具体例があれば、必ずその具体例を通して読者に伝えたい「筆者の言いたいこと」があるわけですね。そしてそれは、**具体例をまとめたような文章（抽象化した文章）**になっているはずです。

したがって、**論説文の一読目には、「この具体例を通して筆者は何を言いたいのだろう」と意識しながら、具体例の前後に書かれている具体例のまとめ部分を見つけましょう。特に、「つまり」「すなわち」「要するに」「このように」などの「まとめ言葉」に着目してマークすると**、筆者の言いたいことが見つかりやすいですよ。

［例］明智光秀は心配で仕方なかった。もし信長に知れてしまったら、自分ばかりか親族一同の命はないだろう。あの知略と野性的なカンに優れた信長のことだ、すでに自分の策略をどこかでかぎつけているかもしれない。そんなことを考えると、夜も眠れなかった。つまり、［具体例の前後のまとめ部分］明智光秀はできることなら本能寺の変を起こしたくなかったのである。

〈論説文のマーク③　問いと答え〉

多くの論説文では、筆者は自ら問いをたて、それに自ら答えることで話を進めていきます。

問い「なぜ○○なのだろうか」→答え「それは××だからである」

問い「○○とはなんだろう」→答え「○○とは××である」

問いと答えでは、特に「答え」の部分が重要です。問いに対する答えの部分が筆者の言いたいことになっているからです。論説文の一読目では、問いと答えにマークをすることで、筆者の言いたいことを読み取りましょう。問いにQ、答えにAなどとマークしてもいいかもしれません。（QはQuestionのQ、AはAnswerのAです。）

［例］「Q（問い）どうして信長はあんなに自信過剰で傲慢（ごうまん）な人物なのに人気があるのだろう」。常に自分が正しいと思っていて、周りの人の意見を聞かない人物だったらしいではないか。でも、自信過剰で傲慢だったからこそ、強いリーダーシップを発揮し、誰も成し遂げなかった改革を次々と実行することができたとも言える。そんな改革者・信長のカリスマ的な魅力に、多くの人はひかれるのかもしれない。つまり、「A（答え）信長の人気の秘密は、その自信過剰で傲慢な人物だったからこそ発揮できたリーダーシップとカリスマ性にあるのだろう」。

〈論説文のマーク④　言葉の定義〉

「定義」という言葉を、いま手元にある辞書で調べてみると、こうあります。——ある概念の内容やある語の意味を、他と区別できるように明確に限定すること。また、その限定された内容や意味。

う〜ん。わかるようでわからないですね。簡単に言うと、Aの定義とは、「Aとは○○である」という文章で表せる意味内容のことです。たとえば、「親友とは、最も親しい友達のことである」というのが親友の「定義」になります。「親友」＝「最も親しい友達」の関係が成り立つということですね。

言葉の定義は、その言葉を筆者がどうとらえているのかという、その言葉に対する筆者の結論になっています。だから、定義に着目することはとても大切なんですね。その文章のテーマやキーワードについての定義は特に重要だと考えましょう。論説文の一読目では、**「とは」「ということは」「というのは」などの、定義を導く表現にマークしておくとわかりやすいでしょう。**

［例］野口英世は貧しい農家に生まれ、一歳で左手に大火傷を負ったハンディキャップを克服し、ほぼ独学のみで医師となり、さらには細菌学者として世界的な名声を得た。二十一世紀の現在に至るまで、日本では子供向けの野口英世の伝記が多数刊行され続けており、医学研究者としては非常に知名度が高い。多くの日本人にとって、野口英世とは、まさに日本の立身出世型のヒーローなのである。

［例］逆説とは、（言葉の定義）一見真実に反するように見えて、よく考えると一面の真理を表している説のことだ。たとえば、野口英世である。逆説的に言えば、野口英世は身体的な障害を負ったからこそ、世界的な医学者になることができたともいえるのではないだろうか。なぜなら、左手に障害があったからこそ、英世の母は彼に学問の道を進ませたからである。もし左手に障害がなければ、農家の長男だった彼はそのまま農家を継ぎ、学問の道には進まなかっただろう。

〈論説文のマーク⑤　対比〉

多くの論説文では、二つのことがらが「対比」されながら話が進みます。日本と欧米、近代と現代、都市と農村、人間とＡＩ……などなど。でも、どうしてそんなに「対比」がよく用いられるのでしょうか。——それは、対比をすることによって、二つのことがらの共通点や相違点が明らかになり、読者にわかりやすく伝わるからです。たとえば、日本の良いところばかりを延々と述べるよりも、欧米と比べてどんなふうに日本がよいのかを述べた方が、日本の良さが伝わりやすくなりますよね。

また、多くの場合、「対比」をすることによって、「筆者が良いと思っているもの（プラス）」が強調されます。先ほどの例でいえば、「日本の良いところ（プラス）」と「欧米のあまり良くないところ（マイナス）」を比べることによって、読者に「日本の良いところ（プラス）」を強調するわけですね。そしてそれが筆者の言いたいことになっているわけです。論説文では、「対比」を意識しながら読むことが筆者の言いたいことの理解に大きく役に立ちます。論説文の一読目では、**プラス（＋）とマイナス（－）の対比が明らかな場合には、「＋」「－」のマークをつけておく**とよいでしょう。

［例］グローバル化（＝文化、経済、政治など人間の諸活動、コミュニケーションが、国や地域を越えて地球規模で行われるようになること）によって、⊕環境問題などの地球規模での問題への解決が可能となりつつあるが、文化的に見れば、⊖あらゆる文化が均質化されて文化的な多様性が失われるといった問題も生じている。

［例］グローバル化によって世界が一体化し、地球規模での様々な交流が生まれるものと期待されました。確かに現在、⊕人や物資、情報などが、国境や地域の垣根を超えて行き来しています。しかし、皮肉なことに、⊖コロナウィルスなどの感染症が世界規模で拡散されたことは、グローバル化によるところも大きいのでしょう。グローバル化は決してよいことばかりではありません。

人は大切なこと、伝えたいことは何度でも繰り返し言うものです。一度では伝わらないからこそ、繰り返し言うことで相手に着実に伝えようとするんですね。――だとすれば、**文章中に繰り返し何度も出てくる言葉は、筆者が大切だと思っている言葉**なのでしょう。そうした「繰り返し出てくる言葉」を、ここでは「キーワード」と呼んでおきます。**特に、筆者が「プラス（＋）」の意味で用いているキーワードは重要です。**一読目にマークしておきましょう。

〈論説文のマーク⑥　キーワード〉

［例］インターネットの発達により、私たちは、「情報化社会」がさらに進んだ「高度情報化社会」を生きています。インターネットにはさまざまな情報があふれていますが、それらすべてが「正しい」わけではありません。情報を発信する側の立場や価値観によって「色」がついているからです。だからこそ、私たちには情報を適切に読み取る力が必要なのですね。また最近では、SNSなどを通じて誰もが簡単に情報を発信することができるようになりましたが、インターネット上では不特定多数の人たちがその情報を見る可能性があります。したがって、自分の発信する情報がどう受け取られるかも考えなければなりません。そうした意味で、私たちには、情報を正しく読み解き、また適切に使いこなす力――メディア・リテラシーが求められているのです。それは膨大な情報に対して主体的に向き合うために必要であると同時に、インターネットの向こう側の悪意に対しての「防御力」を高めるためにも大切なのです。メディア・リテラシーは、高度情報化社会を生き抜く私たちすべてに不可欠な、新たな「読み書き能力」なのですね。

↓ここでは「インターネット」や「情報」という言葉も繰り返し使われており、マークしても構いませんが、筆者が特にプラスの意味で用いている言葉はやはり「メディア・リテラシー」でしょう。ですからこの文章の場合には、少なくとも「メディア・リテラシー」にはマークして読み進めるといいですね。

〈 論説文のマーク⑦　譲歩(じょうほ)構文と「むしろ」 〉

「もちろん」「たしかに」「なるほど」のように、いったん相手の意見や常識、一般論を認める言葉のことを「譲歩表現」と呼びます。譲歩表現はたいてい、その後に「だが」「しかし」「けれども」のような逆接の接続語に続けて、相手の意見や常識、一般論とは異なる筆者の意見を述べるときに用いられます。このように、譲歩表現でいったん相手の意見や常識、一般論を認めつつ、その後でそれとは異なる意見を述べる文章の形を「譲歩構文」と呼びます。譲歩構文が出てきたらマークしておきましょう。

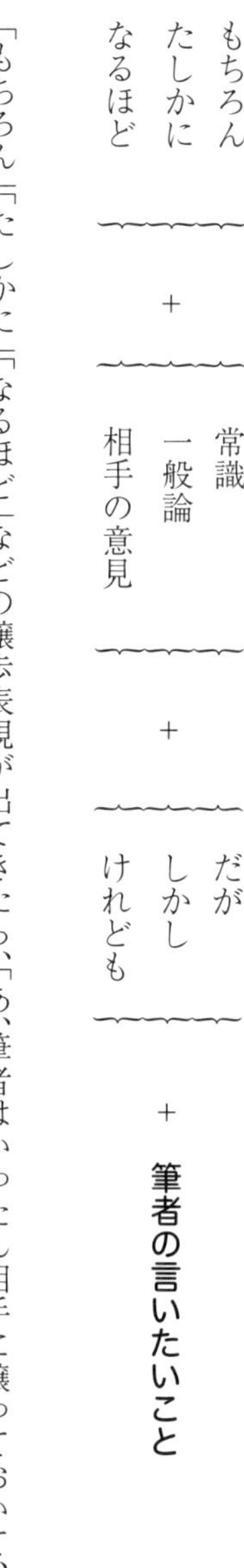

「もちろん」「たしかに」「なるほど」などの譲歩表現が出てきたら、「あ、筆者はいったん相手に譲っておいて、その後で、それと反対の自分の意見を言うかもしれないな……」と意識できるようになるといいですね。

また、**「むしろ」は、その後に筆者の言いたいことが述べられていることが多い**ので、これも要注意です。

［例］たしかに、浦島太郎が玉手箱を開けたのは軽率だったが、煙でたちまち白髪の老人になってしまうのはあまりにも悲しい。（筆者の言いたいこと）

［例］浦島太郎は、むしろ亀を助けない方がよかったのではないか。（筆者の言いたいこと）

さて、論説文の一読目にマークすべき箇所を説明してきました。

＊　＊　＊

「論説文のマーク」…筆者の言いたいことを読み取るためにマークすべきところ

1 主張表現・強調表現
2 具体例の前後のまとめ部分
3 問いと答え
4 言葉の定義
5 対比
6 キーワード
7 譲歩構文と「むしろ」

「論説文のマーク」は七つともすべて覚えて、ぜひ使いこなせるようにしましょう！

2 物語文のマーク

さて、ここからは、物語文を読むときに実際にマークすべきところの話です。論説文でマークすべきところは七つでしたが、物語文ではたったの二つです。簡単ですね。

〈物語文のマーク❶　登場人物の情報〉

ではいきましょう。物語文の一読目にマークすべき二つのうちの一つ目は、

登場人物の情報

です。

ここでいう「情報」というのは、物語文の「前書き」などに書かれている、**「登場人物（主人公）の名前」**と**「登場人物の状況」**のことです。ここにマークをしておきましょう。

［例］父の仕事の都合で、東京から山間の田舎町へと転校してきばかりの小学六年生の太郎は、まだ新しい学校になじめずにいる。

といった部分ですね。

ここでは「山間の田舎町」の様子や、「新しい学校生活にとまどう様子の小学六年生の太郎」といった情報から、ある程度の町の情景や太郎の人物像が頭に浮かびますね。また、この部分から「太郎はまだ新しい学校になじめずにとまどっている」という悩みも読み取れるでしょう。物語文では、前書きに書かれている情報をつかんでおかなければ解けない記述問題も少なくありません。

このように、登場人物の情報にマークすることで、物語文を正しく読むための手掛かりをつかむことができるだけでなく、実際の問題を解く際の手がかりにもなるわけですね。物語文を読解する上では欠かせない部分です。

〈 物語文のマーク❷ 登場人物の気持ち 〉

物語文の一読目にマークすべきところの二つ目。**これは超重要です**。それが、

登場人物の気持ち

です。

登場人物の「気持ち」を正しく読み取れるかどうか。これが物語文の出来・不出来を決めるといっても過言ではありません。物語文の問いは、登場人物の「気持ち」に関連したものが大半だからです。

とはいえ、登場人物の「気持ち」がいつも本文にそのまま書かれているかといえば、そうではありません。大抵は、文章には直接的に書かれていない「気持ち」を読み取らなければなりません。そしてそういうところが問題で問われます。

では、登場人物の「気持ち」とは、どのようなところから読み取ればよいのでしょうか。——それは主に次の二つです。

①言動…人物の様子（セリフ、行動、表情）から気持ちを読み取る

②情景描写…天気や風景に人物の気持ちが表れていると考える

話の流れから「何となくこんな感じだろう」とか、何の根拠もなく「自分ならこう思う」というのは一番やってはいけないパターン。それではいつまで経っても気持ちの読み取りが安定しません。そうした自分勝手な解釈——いわゆる「フィーリング」によって気持ちを読み取ることは、今すぐやめましょう！

そうではなくて、「本文のここに○○という言動（情景描写）があるから、□□という気持ち」というように、明確な根拠をもとに気持ちを読み取るのです。たとえば、「母が目をつり上げて早口にまくし立てた」というところから、「いら立ち」「怒り」という気持ちを読み取るように。**「気持ち」は、具体的な「言動」や「情景描写」から読み取ることを徹底しましょう！**

そして、さらに効果的な方法をお伝えします。それが、

気持ちメモ

です。登場人物の「気持ち」が読み取れるところには、単にマークするだけではなく、**そこから読み取れる「気持ち」**

を本文の脇（わき）にメモしておくのです。テストの際には時間制限があるので細かくメモすることはできないかもしれませんが、**普段の練習のときにこの「気持ちメモ」をする習慣をつけておくと、テストの際にパッと「気持ち」が頭に浮かぶようになるのでとても効果的です**。「気持ちメモ」は、たとえば次の例のような感じです。

［例］竜宮城に来てから三年の月日が流れた。ある春の夜、浦島太郎の夢の中に故郷の父や母が現れた。長らく会わずにいた両親の姿を目にしたとき、太郎の涙は止まらなかった。（うれしい、感激、なつかしい）

繰り返しになりますが、**「気持ち」を読み取るときには、言動や情景描写を頭の中で映像化して「気持ち」をイメージすることがポイントです**。

たとえばこのとき、浦島太郎が夢の中で故郷の両親に会って、涙を流している様子を頭の中に思い浮かべてみます。すると、久しぶりに会えた「うれしさ」や「感激」、あるいは「なつかしさ」から涙を流していることがイメージできますね。これを「気持ちメモ」として脇にメモします。

【言動】涙が止まらない→【気持ち】うれしい、感激、なつかしい

「言動」から読み取れる「気持ち」がなかなか思いつかない場合、物語文によく出てくるものをリストアップして、あらかじめ覚えてしまう方法が効果的です。たとえば、次のような感じです。

【言動】目をそらす→→→【気持ち】うしろめたい、気まずい
【言動】歯をくいしばる→【気持ち】くやしい、がまんする

【言動】肩を落とす↓↓↓【気持ち】落ち込む

このように、テキストやテストなどに出てきた言動について、「気持ち」を整理して覚えてしまうのです。巻末にも付録として「よく使う気持ちの言葉50」をリストアップしましたので、ぜひ参考にしてください。

さて、物語文の一読目にマークすべき箇所を説明してきました。

「物語文のマーク」…登場人物の気持ちを読み取るためにマークすべきところ

1　登場人物の情報

2　登場人物の気持ち

右の「物語文のマーク」は二つとも覚えて、使いこなせるようにしましょう。

＊　＊　＊

最後に、随筆（＝筆者の個人的な経験や見聞きした知識などをもとに、筆者の意見や感想・気持ちを述べた文章）についてです。随筆は一般的に、

具体例（筆者の個人的な経験や見聞）
↓
筆者の意見・感想・気持ち
↓
具体例（筆者の個人的な経験や見聞）
↓
筆者の意見・感想・気持ち

といった形式で話が進みます。したがって、**随筆を読む上で大切なことは、論説文と同じく「筆者の意見＝筆者の言いたいこと」を読み取ること、そしてそれに加えて「筆者の感想・気持ち」を読み取ること**だとわかりますね。よって、**随筆の一読目では、「論説文のマーク」で示した七箇所と「筆者の感想・気持ち」の両方をマークしながら読む**のがよいでしょう。「論説文のマーク」と「物語文のマーク」を合わせたようなイメージですね。

第三章　発展問題練習

【練習問題24】論説文・桜蔭中（二〇二一年）

次のⅠとⅡの文章を読んで、後の問いに答えなさい。

Ⅰ　ゾウはどんな生物でしょうか。

「ゾウは鼻が長い動物である」そう答える人が多いかもしれません。しかし、本当にそうですか。

「群盲(もう)象を評す」というインド発祥(しょう)の寓(ぐう)話があります。

昔むかし、目の見えない人たちが、ゾウという生き物について感想を言い合いました。鼻に触(ふ)れた人は、「ゾウはヘビのように細長い生き物だ」と言いました。ある人は、牙(きば)に触れて「ゾウは槍(やり)のような生き物だ」と言いました。そして、耳に触(さわ)った人は、「ゾウはうちわのような生き物だ」と言いました。そして、太い足を触った人は「ゾウは木のような生き物だ」と言ったのです。

みんな正しいことを言っています。しかし、誰(だれ)一人としてゾウの本当の姿がわからなかったのです。

私たちも目の見えない物語の人たちと、そんなに違いはありません。

「ゾウは鼻の長い動物である」

本当に、それがゾウのすべてですか。

それでは、キリンはどうでしょう。キリンは首が長い動物……ただ、それだけですか。

それでは、シマウマはどうでしょう。バクはどうでしょう。

ゾウは、一〇〇メートルを一〇秒くらいで走ります。人間のオリンピック選手くらいの速さです。

ゾウは足の速い動物でもあるのです。

ゾウは鼻が長いというのは、ゾウの一面でしかありません。

X オオカミは恐ろしい動物と言われています。本当にそうでしょうか。

確かにオオカミはヒツジなどの家畜を襲います。しかし、オオカミは家族で生活をし、お父さんは家族のために獲ってきた獲物を、まず子どもたちに与えます。オオカミは家族思いのとってもやさしい動物でもあるのです。

（中略）

人間も同じです。

あなたのことを「おとなしい人だ」と思う人がいるかもしれません、一方、あなたのことを「活発な人だ」と思う人もいるかもしれません。おそらく、そのどちらも本当です。

本当のところ私たちは、そんなに単純な存在ではありません。

しかし、人間はどうも一面を見て判断してしまいがちです。しかも、人間の脳は複雑なことは嫌いですから、できるだけ簡単に説明したくなります。

ゾウは鼻が長い動物で、キリンは首が長い動物、というような括り方で、あなたのことも「○○な人」と単純に納得したくなるのです。

それは、仕方のないことだというのも事実です。人間の脳は、あなたの複雑さなど理解したくないのです。

気をつけなければいけないのは、周りの人が一方向からみたレッテルを、あなた自身も信じてしまうことです。

たとえば「おとなしい子」と他の人が思ったのは間違いではないかもしれません。しかし、それは一面でしかありません。

それなのに、みんなが思ったとおり、「おとなしい子」があなたらしさだと勘違いしてしまうのです。そして「おとなしい子」でなければ自分らしくないと、「おとなしい子」になっていってしまうのです。

こうして、人は「自分らしさ」を見失っていきます。

〝本当の自分〟とは違う自分に苦しくなってしまうときもあります。そして時に人は、〝本当の自分〟らしさを自ら捨ててしまうのです。

「らしさ」って何でしょうか。

それは、まわりの人たちが作りあげた幻想ではないでしょうか。

他にも自分らしさを見失わせる「らしさ」があります。

上級生らしく、中高生らしく、男らしく、女らしく、お兄ちゃんらしく、優等生らしく……。

私たちのまわりにはたくさんの「らしさ」があります。

そして、その「らしさ」は、上級生らしくすべき、中高生らしくすべき、男らしくあるべき、女らしくあるべき、お兄ちゃんらしく振る舞うべき、優等生らしく頑張るべき……という「べき」という言葉を必ず連れてきます。

確かに、社会が期待するような「らしさ」に従うことも必要です。

しかし、①〝本当の自分〟らしさを探すときには、皆さんのまわりにまとわりついている「らしさ」を捨ててみることが必要なのです。

「らしさ」という呪縛を解いたときに、初めて自分の「らしさ」が見つかるのです。

（中略）

②私は雑草と呼ばれる植物に心惹かれます。

皆さんの中にも、「雑草魂」という言葉が好きだったり、「雑草集団」と呼ばれるチームは応援したくなる人がいるかもしれません。エリートではないのに、頑張っている。雑草にはそんなイメージがあるかもしれません。

しかし、私が雑草を好きな理由は少し違います。

雑草は図鑑どおりではありません。それが何よりの魅力です。

図鑑には春に咲くと書いてあるのに、秋に咲いていたり、三〇センチくらいの草丈と書いてあるのに、一メートル以上もあったり、そうかと思うと五センチくらいで花を咲かせていたりします。まったく図鑑どおりではないのです。

人間にとって、図鑑は正しいことが書いてあるものです。「こういうものだ」「こういうのが平均的だ」と書いてあります。つまり、「こうあるべきだ」と書いてあるのです。

しかし、図鑑は人間が勝手に作ったものです。図鑑に書かれていることは、人間の勝手な思い込みなのかもしれません。植物にしてみれば、図鑑どおりでなければいけない理由はまったくありません。

雑草は、図鑑に書かれていることを気にせず、自由に生えています。そして自由に花を咲かせます。

図鑑に書かれていることと違うということは、植物を研究している私にとっては、とても面倒くさいことで、とても困るのです。しかし、人間が勝手に作り出したルールや「こうあるべき」という幻想にとらわれない雑草の生き方が、とても痛快で、少しうらやましくもあるのです。

Ⅱ　③古代中国の思想家・孫子という人は「戦わず勝つ」と言いました。孫子だけでなく、歴史上の偉人たちは「できるだけ戦わない」という戦略にたどりついているのです。

偉人たちは、どうやってこの境地にたどりついたのでしょうか。

おそらく彼らはいっぱい戦ったのです。そして、いっぱい負けたのです。

勝者と敗者がいたとき、敗者はつらい思いをします。どうして負けてしまったのだろうと考えます。どうやったら勝てるのだろうと考えます。

彼らは傷つき、苦しんだのです。

そして、ナンバー1になれるオンリー1のポジションを見つけたのです。

そんなふうに「戦わない戦略」にたどりついたのです。

生物も、「戦わない戦略」を基本戦略としています。

自然界では、激しい生存競争が繰り広げられます。生物の進化の中で、生物たちは戦い続けました。そして、各々の生物の中でナンバー1になれるオンリー1のポジションを見出しました。そして、「できるだけ戦わない」という境地と地位にたどりついたのです。

（中略）

苦手なところで勝負する必要はありません。嫌なら逃げてもいいのです。

しかし、無限の可能性のある若い皆さんは、勝手に苦手だと判断しないほうが良いかもしれません。

ペンギンは地面の上を歩くのは苦手です。しかし、水の中に入れば、まるで魚のように自由自在に泳ぎ回ります。アザラシやカバも、地上ではのろまなイメージがありますが、水の中では生き生きと泳ぎ始めます。まだ進化することなく、地上生活をしていた彼らの祖先たちは、まさか自分たちが水の中が得意だとは思いもよらなかったでしょうし、さらに自分たちの祖先が水中生活を得意としていたとは思わなかったことでしょう。

リスは、木をすばやく駆け上がります。しかし、リスの仲間のYモモンガは、リスにくらべると木登りが上手とは言えません。ゆっくりゆっくり上がっていきます。しかし、モモンガは、木の上から見事に滑空することができます。木に登ることをあきらめてしまっては、空を飛べることに気がつかなかったかもしれません。

人間も同じです。

サッカーには、ボールを地面に落とさないように足でコントロールするリフティングという基礎練習があります。しかし、プロのサッカー選手でもリフティングが苦手だったという人もいます。リフティングだけで苦手と判断しサッカーをやめていたら、強力なシュートを打つ能力は開花しなかったかもしれません。

小学校では、算数は計算問題が主です。しかし、中学や高校で習う数学は、難しいパズルを解くような面白さもあります。大学に行って数学を勉強すると、抽象的だったり、この世に存在しえないような世界を、数学で表現し始めます。もはや哲学のようです。計算問題が面倒くさいというだけで、「苦手」と決めつけてしまうと、数学の本当の面白さに出会うことはないかもしれません。

勉強は得意なことを探すことでもあります。苦手なことを無理してやる必要はありません。最後は、得意なところで勝負すればいいのです。しかし、得意なことを探すためには、すぐに苦手と決めて捨ててしまわないということが大切なのです。

『はずれ者が進化をつくる　生き物をめぐる個性の秘密』（稲垣栄洋著・筑摩書房）

問一　――線部①のように言う筆者が――線部②のように言うのはなぜでしょうか、説明しなさい。（一五〇字～二〇〇字程度）

問二　――線部③について、私たちが「戦わずに勝つ」ためにはどうすればよいでしょうか、本文の内容にそって説明しなさい。（八〇字～一二〇字程度）

問三　**X**［オオカミ］と**Y**［モモンガ］はどのようなことを説明するための例としてあげられていますか、それぞれ説明しなさい。（それぞれ六〇字～九〇字程度）

【練習問題24／解説】論説文・桜蔭中（二〇二一年）

【論説文のマークによる本文の一読目のマーク例】

「群盲象を評す」というインド発祥の寓話があります。

〔問いと答え〕「ゾウは鼻が長い動物である」そう答える人が多いかもしれません。しかし、本当にそうですか。

I 〔問いと答え〕ゾウはどんな生物でしょうか。

昔むかし、目の見えない人たちが、ゾウという生き物について感想を言い合いました。

鼻に触れた人は、「ゾウはヘビのように細長い生き物だ」と言いました。ある人は、牙に触れて「ゾウは槍のような生き物だ」と叫びました。そして、耳に触った人は、「ゾウはうちわのような生き物だ」と言いました。そして、太い足を触った人は「ゾウは木のような生き物だ」と言ったのです。

みんな正しいことを言っています。しかし、誰一人としてゾウの本当の姿がわからなかったのです。

私たちも目の見えない物語の人たちと、そんなに違いはありません。

「ゾウは鼻の長い動物である」

〔問いと答え〕本当に、それがゾウのすべてですか。

それでは、キリンはどうでしょう。キリンは首が長い動物……ただ、それだけですか。

それでは、シマウマはどうでしょう。バクはどうでしょう。

ゾウは、一〇〇メートルを一〇秒くらいで走ります。人間のオリンピック選手くらいの速さです。

ゾウは足の速い動物でもあるのです。

[問いと答え]ゾウは鼻が長いというのは、ゾウの一面でしかありません。

X オオカミ は[問いと答え]恐ろしい動物と言われています。本当にそうでしょうか。

確かにオオカミはヒツジなどの家畜を襲います。しかし、オオカミは家族で生活をし、お父さんは家族のために獲ってきた獲物を、まず子どもたちに与えます。[問いと答え]オオカミは家族思いのとってもやさしい動物でもあるのです。

（中略）

人間も同じです。

あなたのことを「おとなしい人だ」と思う人がいるかもしれません、一方、あなたのことを「活発な人だ」と思う人もいるかもしれません。おそらく、そのどちらも本当です。

[具体例の前後のまとめ部分]本当のところ私たちは、そんなに単純な存在ではありません。

[具体例の前後のまとめ部分]しかし、人間はどうも一面を見て判断してしまいがちです。しかも、人間の脳は複雑なことは嫌いですから、できるだけ簡単に説明したくなります。

ゾウは鼻が長い動物で、キリンは首が長い動物、というような括り方で、あなたのことも「〇〇な人」と単純に納得したくなるのです。

それは、仕方のないことだというのも事実です。人間の脳は、あなたの複雑さなど理解したくないのです。

[主張表現・強調表現]気をつけ**なければいけない**のは、周りの人が一方向からみたレッテルを、あなた自身も信じてしまうことです。

たとえば「おとなしい子」と他の人が思ったのは間違いではないかもしれません。しかし、それは一面でしかありません。

それなのに、みんなが思ったとおり、「おとなしい子」があなたらしさだと勘違いしてしまうのです。そして「おとなしい子」でなければ自分らしくないと、「おとなしい子」になっていってしまうのです。

こうして、[具体例の前後のまとめ部分]人は「自分らしさ」を見失っていきます。

[具体例の前後のまとめ部分]“本当の自分”とは違う自分に苦しくなってしまうときもあります。そして時に人は、“本当の自分”らしさを自ら捨ててしまうのです。

[問いと答え]「らしさ」って何でしょうか。

[問いと答え]それは、まわりの人たちが作りあげた幻想ではないでしょうか。

他にも自分らしさを見失わせる「らしさ」があります。

上級生らしく、中高生らしく、男らしく、女らしく、お兄ちゃんらしく、優等生らしく……。

私たちのまわりにはたくさんの「らしさ」があります。

そして、その「らしさ」は、上級生らしくすべき、中高生らしくすべき、男らしくあるべき、女らしくあるべき、お兄ちゃんらしく振る舞うべき、優等生らしく頑張るべき……という「べき」という言葉を必ず連れてきます。

[譲歩構文]**確かに、**社会が期待するような「らしさ」に従うことも必要です。

[譲歩構文]**しかし、**①[主張表現・強調表現]“本当の自分”らしさを探すときには、皆さんのまわりにまとわりついている「らしさ」を捨ててみることが**必要**なのです。

[具体例の前後のまとめ部分]「らしさ」という呪縛を解いたときに、初めて自分の「らしさ」が見つかるのです。

（中略）

②私は雑草と呼ばれる植物に心惹かれます。

皆さんの中にも、「雑草魂」という言葉が好きだったり、「雑草集団」と呼ばれるチームは応援したくなる人がいるかもしれません。エリートではないのに、頑張っている。雑草にはそんなイメージがあるかもしれません。

しかし、私が雑草を好きな理由は少し違います。

［具体例の前後のまとめ部分］雑草は図鑑どおりではありません。それが何よりの魅力です。

図鑑には春に咲くと書いてあるのに、秋に咲いていたり、三〇センチくらいの草丈と書いてあるのに、一メートル以上もあったり、そうかと思うと五センチくらいで花を咲かせていたりします。まったく図鑑どおりではないのです。

人間にとって、図鑑は正しいことが書いてあるものです。「こういうものだ」「こういうのが平均的だ」と書いてあります。つまり、「こうあるべきだ」と書いてあるのです。

しかし、図鑑は人間が勝手に作ったものです。図鑑に書かれていることは、人間の勝手な思い込みなのかもしれません。植物にしてみれば、図鑑どおりでなければいけない理由はまったくありません。

［具体例の前後のまとめ部分］雑草は、図鑑に書かれていることを気にせず、自由に生えています。そして自由に花を咲かせます。

図鑑に書かれていることと違うということは、植物を研究している私にとっては、とても面倒くさいことで、とても困るのです。しかし、［具体例の前後のまとめ部分］人間が勝手に作り出したルールや「こうあるべき」という幻想にとらわれない雑草の生き方が、とても痛快で、少しうらやましくもあるのです。

Ⅱ　③古代中国の思想家・孫子という人は「戦わず勝つ」と言いました。孫子だけでなく、歴史上の偉人たちは「できるだけ戦わない」という戦略にたどりついているのです。

［問いと答え］偉人たちは、どうやってこの境地にたどりついたのでしょうか。

［問いと答え］おそらく彼らはいっぱい戦ったのです。そして、いっぱい負けたのです。

勝者と敗者がいたとき、敗者はつらい思いをします。どうして負けてしまったのだろうと考えます。どうやったら勝てるのだろうと考えます。

［問いと答え］彼らは傷つき、苦しんだのです。

［問いと答え］そして、ナンバー1になれるオンリー1のポジションを見つけたのです。

そんなふうに「戦わない戦略」にたどりついたのです。

生物も、「戦わない戦略」を基本戦略としています。

自然界では、激しい生存競争が繰り広げられます。生物の進化の中で、生物たちは戦い続けました。そして、各々の生物の中でナンバー1になれるオンリー1のポジションを見出しました。そして、「できるだけ戦わない」という境地と地位にたどりついたのです。

（中略）

［主張表現・強調表現］
苦手なところで勝負する**必要はありません**。嫌なら逃げ**てもいい**のです。

［主張表現・強調表現］
しかし、無限の可能性のある若い皆さんは、勝手に苦手だと判断**しないほうが良い**かもしれません。

ペンギンは地面の上を歩くのは苦手です。しかし、水の中に入れば、まるで魚のように自由自在に泳ぎ回ります。アザラシやカバも、地上ではのろまなイメージがありますが、水の中では生き生きと泳ぎ始めます。まだ進化することなく、地上生活をしていた彼らの祖先たちは、まさか自分たちが水の中が得意だとは思いもよらなかったでしょうし、さらに自分たちの祖先が水中生活を得意としていたとは思わなかったことでしょう。

リスは、木をすばやく駆け上がります。しかし、リスの仲間の**Y**［モモンガ］は、リスにくらべると木登りが上手とは言えません。ゆっくりゆっくり上がっていきます。しかし、モモンガは、木の上から見事に滑空することができます。木に登ることをあきらめてしまっては、空を飛べることに気がつかなかったかもしれません。

人間も同じです。

サッカーには、ボールを地面に落とさないように足でコントロールするリフティングという基礎練習があります。しかし、プロのサッカー選手でもリフティングが苦手だったという人もいます。リフティングだけで苦手と判断しサッカーをやめていたら、強力なシュートを打つ能力は開花しなかったかもしれません。

小学校では、算数は計算問題が主です。しかし、中学や高校で習う数学は、難しいパズルを解くような面白さもあります。大学に行って数学を勉強すると、抽象的だったり、この世に存在しえないような世界を、数学で表現し始めます。もはや哲学のようです。計算問題が面倒くさいというだけで、「苦手」と決めつけてしまうと、数学の本当の面白さに出会うことはないかもしれません。

［具体例の前後のまとめ部分］勉強は得意なことを探すことでもあります。［主張表現・強調表現］苦手なことを無理してやる**必要はありません**。最後は、得意なところで勝負**すればいい**のです。しかし、得意なことを探すためには、すぐに苦手と決めて捨ててしまわないということが**大切**なのです。

論説文では「筆者の言いたいこと」をしっかりとつかみながら読むことが大切です。そのためには、右に示したように、一読目には《論説文のマーク》の七つのポイントにマークをしながら読みましょう。マークの付け方は、――線でも、「　」でも、〈　〉などでも、やりやすいようにやればよいでしょう。ここでは見やすさを考慮して、一読目にマークすべき箇所を　で表してみました。「なるほど、こんな感じにやればいいんだな」というのをつかんでください。そして、**論説文・説明文には、文章に「濃淡」があることがわかるといいですね。筆者の言いたいことが濃く見え、そうでない一般論や具体例が薄く見えるようになれば本物です。**

なお、「主張表現・強調表現」については、「ねばならない」「すべき」「必要」などの主張表現・強調表現だけではなく、それらを含む一文全体を筆者の言いたいこととしてとらえるのがよいでしょう。右の例でも、原則として、筆者の言いたいことが書かれている一文全体を　でマークしています。

【問一／理由問題／解説】 理由問題ですから、理由問題の手順にしたがって考えていきましょう。

▼理由問題の解き方の手順

手順❶「○○はなぜか」「○○の理由を説明しなさい」の○○を「結果」とする。（傍線部が「結果」になっていることが多い）

手順❷「結果」に対する「原因・理由」を本文中から読み取る。（原則として、物語文・随筆では「気持ち」も入れる）

手順❸「原因・理由＋結果」の文を作り、「原因・理由」と「結果」の因果関係が正しいかどうかを確かめる。

手順❹「原因・理由」の部分を「わかりやすい解答」に整える。（文末は「〜から」）

手順❶より、「——線部①のように言う筆者が——線部②のように言う」ということを「結果」と考えます。

手順❷より、これに対する「原因・理由」を本文中から読み取ります。つまり、——線部①「〝本当の自分〟らしさを探すときには、皆さんのまわりにまとわりついている「らしさ」を捨ててみることが必要なのです」と言う筆者が、——線部②「私は雑草と呼ばれる植物に心惹（ひ）かれます」と言う原因・理由ですね。

まず、そもそも、なぜ筆者は――線部①のように言うのでしょうか。出題者がわざわざ――線部①のことを設問の中で触れているからには、それを解答の中に反映して欲しいというヒントだと考えるのがよいですね。一読目にマークした部分に注意して見てみると、次のような記述が見つかりますね。

・［具体例の前後のまとめ部分］〝本当の自分〟とは違う自分に苦しくなってしまうときもあります。そして時に人は、〝本当の自分〟らしさを自ら捨ててしまうのです（38～39行目）

・［問いと答え］「らしさ」って何でしょうか。

［問いと答え］それは、まわりの人たちが作りあげた幻想ではないでしょうか（40～41行目）

・［具体例の前後のまとめ部分］「らしさ」という呪縛を解いたときに、初めて自分の「らしさ」が見つかるのです（51行目）

なるほど。右の部分をまとめると、筆者は次のように考えているからだとわかりますね。

〈人は時に、本当の自分とは違う自分に苦しくなり、本当の自分らしさを捨ててしまうことがあるが、「らしさ」とは、まわりの人たちが作りあげた幻想であり、「らしさ」という呪縛を解いたときに、初めて自分の「らしさ」が見つかる〉

…（ア）。だから、「らしさ」を捨ててみることが必要なのです。

では、そう主張する筆者が――線分②のように言う原因・理由は何でしょう。これも一読目にマークした部分に注目して探してみましょう。

・［具体例の前後のまとめ部分］雑草は図鑑どおりではありません。それが何よりの魅力です（57行目）

・［具体例の前後のまとめ部分］雑草は、図鑑に書かれていることを気にせず、自由に生えています。そして自由に花を咲かせます（64行目）

・［具体例の前後のまとめ部分］人間が勝手に作り出したルールや「こうあるべき」という幻想にとらわれない雑草の生き方が、とても痛快で、少

しうらやましくもあるのです（66～67行目）

これらをまとめると、次のような理由が考えられます。

〈図鑑に書かれていることを気にせず、自由に生え、自由に花を咲かせる、人間が勝手に作り出したルールや「こうあるべき」という幻想にとらわれない雑草の生き方が、筆者には痛快で、うらやましくもあるから〉…（イ）

念のため、手順❸より、（ア）（イ）についての因果関係が正しいかどうかを確認しておきましょう。なお、これは紙に書き出す必要はありません。頭の中で「原因・理由＋結果」の文を作って読んでみてください。

まず、――線部①と筆者が言う方の因果関係（ア）から。

〈人は時に、本当の自分とは違う自分に苦しくなり、本当の自分らしさを捨ててしまうことがあるが、「らしさ」とは、まわりの人たちが作りあげた幻想であり、「らしさ」という呪縛を解いたときに、初めて自分の「らしさ」が見つかるから（原因・理由）、〝本当の自分〟らしさを探すときには、皆さんのまわりにまとわりついている「らしさ」を捨ててみることが**必要**なのです（結果）〉←**因果関係OK**

次に、――線部②の因果関係（イ）も確かめます。

〈図鑑に書かれていることを気にせず、自由に生え、自由に花を咲かせる、人間が勝手に作り出したルールや「こうあるべき」という幻想にとらわれない雑草の生き方が、筆者には痛快で、うらやましくもあるから（原因・理由）、私は雑草と呼ばれる植物に心惹（ひ）かれます（結果）〉←**因果関係OK**

では最後に、手順❹により、（ア）（イ）をもとにして解答を整えましょう。

解答を整える際には、いつも次の「解答のルール」を意識してください。

▼解答のルール（＝わかりやすい解答にするためのルール）
①主語・述語・目的語のわかりやすい文にする。
②指示語・比喩・わかりにくい表現は具体化して言いかえる。
③具体例は抽象化して言いかえる。
④文末表現に注意する。

今回は解答が長くなるため、二文に分けるなどして採点者に伝わりやすい解答にするとよいでしょう。解答はいつも採点者に親切な、「わかりやすい解答」を心がけてください。すると解答は、次のようになるでしょう。

〈人は時に、本当の自分とは違う自分に苦しくなり、本当の自分らしさを捨ててしまうことがあるが、「らしさ」とは、まわりの人たちが作りあげた幻想であり、「らしさ」という呪縛を解いたときに、初めて自分の「らしさ」が見つかる。そのため、図鑑に書かれていることを気にせず、自由に生え、自由に花を咲かせる、人間が勝手に作り出したルールや「こうあるべき」という幻想にとらわれない雑草の生き方が、筆者には痛快で、うらやましくもあるから。〉

ところで、ここでひとつ注目して欲しいことがあります。それは、この解答が、《論説文のマーク》にしたがってマークしたところをもとに作られていることです。もちろんいつも100％当てはまるわけではありませんが、**論説文（説明文も含む）の記述問題の解答は、《論説文のマーク》にしたがってマークしたところをもとに作れることがかなり多**

いです。なぜかと言えば、《論説文のマーク》にしたがってマークしたところは、「筆者の言いたいこと」が書かれている部分だからです。論説文の問題は、「筆者の言いたいこと」がちゃんと読み取れているかが問われますから、むしろこれは当然なのかもしれません。ぜひ《論説文のマーク》を活用して記述問題を解いてください。

なお、本書の【解答例】は、受験生でも無理なく書けるように、なるべく本文の言葉を使った解答を心がけて作っています。なぜなら、実際の入試では、模擬試験や過去問集などに載っているような「非の打ちどころのない模範解答」を中学受験生が書くことは、現実的には不可能だからです。「模範解答」というものは、解答作成者が時間をかけて、間違いがないか入念にチェックして作り上げた「理想的な解答」です。もちろん本文をもとにはしていますが、本文の言葉を上手く言いかえたり、念入りに言葉を補ったりしながら作成した、いわば「完璧な解答」です。時間制限のある中で解答を作らなければならない中学受験生が、「模範解答」のような解答が書けるものではありません。ですから中学受験生が目指すべきなのは、そんな理想的な解答ではなく、「合格できる解答」を試験時間内に書くことです。

したがって、**中学受験生がまず心がけたい記述解答とは、「なるべく本文の言葉を使いながら、部分的に自分の言葉で整える解答」**だと私は考えます。

このような考えから、本書の【解答例】は、中学受験生でも何とか書けそうな解答を心がけています。と同時に、学校で公表している【解答例（学校発表）】（＝つまりは「理想的な解答」ですね）も載せておきますので、その違いも含めてぜひ比べてみてください。本書の【解答例】のレベルの内容が書ければ、十分合格できることがおわかりいただけるのではないかと思います。

【解答例】

人は時に、本当の自分とは違う自分に苦しくなり、本当の自分らしさを捨ててしまうことがあるが、「らしさ」とは、まわりの人たちが作りあげた幻想であり、「らしさ」という呪縛を解いたときに、初めて自分の「らしさ」が見つかる。そのため、図鑑に書かれていることを気にせず、自由に生え、自由に花を咲かせる、人間が勝手に作り出したルールや「こうあるべき」という幻想にとらわれない雑草の生き方が、筆者には痛快で、うらやましくもあるから。（208字）

【解答例（学校発表）】

人間は、ほかの人の印象や社会の期待など、外から与えられる「らしさ」に合わせようとするうちに、自分でもそれが自分らしいのだと信じこんでしまい、本来自分が持っているはずの〝本当の自分〟らしさを見失ったり捨ててしまったりしがちであるが、雑草は図鑑に春に咲くと書いてあっても秋に咲くといったように、図鑑に書かれている、人間が勝手につくり出したルールや幻想にとらわれずに生きていて、そのような生き方が痛快でうらやましいから。（207字）

【問二／まとめ問題／解説】 まとめ問題ですから、まとめ問題の手順にしたがって考えます。

▼まとめ問題の解き方の手順
手順❶ 説明すべき部分を本文中から見つける。（具体例ではなく、具体例をまとめた部分から）
手順❷ ❶で見つけた部分を「わかりやすい解答」としてまとめる。

問われていることは、「私たちが『戦わず勝つ』ためにはどうすればよい」かという、その方法です。ただ、そもそも、傍線部中の「戦わず勝つ」とはどういうことでしょうか。〔**傍線部のルール❸ 傍線部内の指示語・比喩・わかりにくい表現は具体化して言いかえる**〕にしたがって、念のために確認しておきましょう。もちろんこれは、本文に、

・「できるだけ戦わない」という戦略（69～70行目）
・「戦わない戦略」（77行目）

などとあるように、「できるだけ戦わない戦略をとって相手に勝つ」という意味ですね。

では手順❶により、それを実現するための方法が書かれているところを本文から探しましょう。筆者はまず、歴史上の偉人の例を挙げて説明しています。《論説文のマーク》でマークしたところを中心に見ていくと、次のようにあります。

・［問いと答え］偉人たちは、どうやってこの境地にたどりついたのでしょうか。
［問いと答え］おそらく彼らはいっぱい戦ったのです。そして、いっぱい負けたのです（71〜72行目）
・［問いと答え］彼らは傷つき、苦しんだのです。
［問いと答え］そして、ナンバー1になれるオンリー1のポジションを見つけたのです（75〜76行目）

また、筆者は（中略）の後、できるだけ戦わない戦略をとって相手に勝つために、読者に向けて次のようにも言います。これも《論説文のマーク》でマークしたところですね。

・［主張表現・強調表現］苦手なところで勝負する**必要はありません**。嫌なら逃げ**てもいい**のです（83行目）
・［主張表現・強調表現］しかし、無限の可能性のある若い皆さんは、勝手に苦手だと判断**しないほうが良い**かもしれません（84行目）
・［具体例の前後のまとめ部分］勉強は得意なことを探すことでもあります。［主張表現・強調表現］苦手なことを無理してやる**必要はありません**。最後は、得意なところで勝負**すればいい**のです。しかし、得意なことを探すためには、すぐに苦手と決めて捨ててしまわないということが**大切**なのです（100〜102行目）

さて、手順❷により、解答はこのあたりをわかりやすくまとめればよいでしょう。

まず、歴史上の偉人の例の部分。これは具体例ですから、**「解答のルール③ 具体例は抽象化して言いかえる」**を意識してまとめましょう。「いっぱい戦った」「いっぱい負けた」「傷つき、苦しんだ」→〈試行錯誤を繰り返しながら〉などと抽象化するとわかりやすいですね。

また、「ナンバー1になれるオンリー1のポジション」もわかりにくい表現ですから、**「解答のルール② 指示語・比喩・わかりにくい表現は具体化して言いかえる」**によって、〈誰にも負けない自分だけの得意なこと〉などとすればよいでしょう。これらのことから、歴史上の偉人の例の部分は、たとえば次のようにまとめられそうです。

〈試行錯誤を繰り返しながら、誰にも負けない自分だけの得意なことを見つければよい〉…（ア）

次に、（中略）後の部分の要点は、

・苦手なところで勝負する必要はない。嫌なら逃げてもいい。
・勝手に苦手だと判断しないほうが良い。
・苦手なことを無理してやる必要はない。得意なところで勝負すればいい。
・得意なことを探すには、すぐに苦手と決めて捨ててしまわないことが大切。

といったところですから、これらをまとめると、次のようになるでしょう。

〈苦手なところで勝負する必要はなく、得意なところで勝負すればいいが、得意なことを探すには、すぐに苦手だと判断しないことも大切だ〉…（イ）

したがって、歴史上の偉人の例の部分（ア）と、（中略）の後の部分（イ）から、できるだけ戦わない戦略をとって相手に勝つ方法が、次の【解答例】のようにまとめられます。学校発表の解答例とも比べてみてください。なお、学校発表の「自分が面白く感じることに出会い」という部分は、本文98～99行目の数学の面白さの例を抽象化したものでしょう。私が作成した【解答例】にこの部分はありませんが、【解答例】のレベルの解答が書ければ十分合格できます。すなわち、《論説文のマーク》でマークしたところをしっかり押さえて書くことが大切だということです。

【解答例】

苦手なところで勝負する必要はなく、得意なところで勝負すればいいが、得意なことを探すには、すぐに苦手だと判断しないことも大切であり、試行錯誤を繰り返しながら、誰にも負けない自分だけの得意なことを見つければよい。（104字）

【解答例（学校発表）】

まずは勝ち負けを気にせず、様々なことに挑戦してみる中で、自分が他人には勝てない苦手なことを知る一方、自分が面白く感じることに出会い、ほかの誰にも負けない得意なことを発見すればよい。（90字）

【問三／まとめ問題／解説】 問二同様、まとめ問題ととらえて考えます。

▼まとめ問題の解き方の手順
手順❶　説明すべき部分を本文中から見つける。（具体例ではなく、具体例をまとめた部分から）
手順❷　❶で見つけた部分を「わかりやすい解答」としてまとめる。

まず、**X** オオカミ はどのようなことを説明するための例なのかを考えますが、その前に、そもそも「例」とは何のためにあるのかを確認しておきましょう。

筆者は、「例」自体を読者に伝えたいのでしょうか。――もちろん、違いますよね。筆者には何か言いたいことがあり、その言いたいことを読者にわかりやすく伝えるために、例を用いて説明しているのです。ここでは、

・人間も同じです。（23行目）

とあるように、オオカミも人間も同じだということを、例を通してわかりやすく述べようとしています。

では、どのようなところが同じなのでしょうか。「筆者の言いたいこと」は普通、例の前後に書かれています。ですからこういう場合、**《論説文のマーク》の② 具体例の前後のまとめ部分** に着目して「筆者の言いたいこと」を見つけることが大切です。すると手順❶より、本文にこう書いてあるのが見つかりますね。

・［具体例の前後のまとめ部分］本当のところ私たちは、そんなに単純な存在ではありません。［具体例の前後のまとめ部分］しかし、人間はどうも一面を見て判断してしまいがちです。しかも、人間の脳は複雑なことは嫌いですから、できるだけ簡単に説明したくなります（26〜28行目）

・気をつけ［主張表現・強調表現］**なければいけない**のは、周りの人が一方向からみたレッテルを、あなた自身も信じてしまうことです（32行目）

これらがオオカミの例を通して筆者が言いたかったことでしょう。では、右の部分を手順❷により、「わかりやすい解答」にしてみましょう。**［解答のルール① 主語・述語・目的語のわかりやすい文にする］**にしたがって、言葉を補ったりすることも忘れずに。「どのようなこと」と問われていますから、学校解答では違いますが、文末は「〜こと。」とするのが一般的でしょう。（**［解答のルール④ 文末表現に注意する］**）

【解答例X】

人間は物事の一面を見て判断してしまいがちであり、できるだけ簡単に物事を説明したくなるが、人間とは単純な存在ではなく、一面から見たレッテルを信じることには気をつけなければならないということ。（94字）

【解答例X（学校発表）】

一面だけを見ているとほかの側面が見えなくなる例としてあげられている。（34字）

次に、**Y** モモンガ がどのようなことを説明するための例なのかを考えます。モモンガについては、木登りが苦手だが、木の上から滑空することができることが書かれてあり、その後に次のような記述があります。

・木に登ることをあきらめてしまっては、空を飛べることに気がつかなかったかもしれません。（90～91行目）

・人間も同じです。（92行目）

先ほどのオオカミの例と同じように、モモンガも人間も同じだと筆者は言っているのです。では、どう同じなのでしょうか。90～91行目の内容はモモンガに関する具体的な内容なので、**［解答のルール③ 具体例は抽象化して言いかえる］**にしたがって、次の部分を人間にあてはめて言いかえてみましょう。太字部分に注目してください。

・**木に登る**ことをあきらめてしまっては、／**空を飛べること**に／気がつかなかったかもしれません。（90～91行目）

↓

〈**苦手なこと**をあきらめてしまっては、／**得意なこと**に／気づかなかったかもしれません。〉…（ア）

このように、「解答の根拠」が具体例で、そのまま解答に使えなさそうなときには、抽象化して言いかえてみることが大切です。

さて、いま言いかえた〈苦手なことをあきらめてしまっては、得意なことに気づかなかったかもしれません〉と同様の内容は、《論説文のマーク》にしたがってマークした他の箇所にもあります。

・［主張表現・強調表現］しかし、無限の可能性のある若い皆さんは、勝手に苦手だと判断**しないほうが良い**かもしれません（84行目）

［主張表現・強調表現］
・**しかし、得意なことを探すためには、すぐに苦手と決めて捨ててしまわないということが大切**なのです（101～102行目）

これらも、苦手な木登りをあきらめなかったからこそ空を飛べることに気づいたモモンガの例を通して、人間について言っていることでしょう。すると、おおよそ次のようにまとめられますね。

〈得意なことを探すには、すぐに苦手だと判断しないことが大切だ〉…（イ）

最後に手順❷によって、（ア）（イ）をもとに解答を整えます。**［解答のルール① 主語・述語・目的語のわかりやすい文にする］**に注意して、伝わりやすい文章になっているかをチェックしましょう。

【解答例Y】
苦手なことだと考えてあきらめてしまうと、自分の得意なことに気づかないかもしれないので、得意なことを探すには、すぐに苦手だと判断しないことが大切だということ。（78字）

【解答例Y】（学校発表）
苦手なことであると決めつけてあきらめてしまうと得意なことに気がつくきっかけも失ってしまうかもしれないことの例としてあげられている。（65字）

桜蔭中二〇二一年度入試、論説文の記述問題は以上です。《論説文のマーク》にしたがって、筆者の言いたいことをしっかり押さえていくことがいかに大切かがわかりますね。逆に言えば、筆者の言いたいことを正しく押さえることで、桜蔭中の記述はかなり書けるはずです。

【練習問題25】論説文・桜蔭中（二〇二〇年）

次の文章を読んで、後の問いに答えなさい。

☆登山がスポーツなのかどうかについて私見を述べてみたい。

まず登山云々の前にスポーツとは何かということについて考えてみたい。

私の考えではスポーツとはある一定の人が活動していることと、舞台が整っていることの二つが成立条件になってくると思う。一定数の人がいることはいいとして、問題は後者のほうだ。舞台が整っているというのは、一つには文字どおり競技の舞台が用意されていることを意味する。野球でいえばスタジアム、ボクシングならリングだ。屋外でおこなわれる競技も、マラソンやトライアスロンなどは決まったコースから外れると失格になるので本質的には施設内と同じだ。また舞台が整っているということは、主催者により競技者の安全が――たとえそれが名目的であっても――確保されていることも意味している。ボクシングでは二人のファイターが野放図に死ぬまで殴りあうわけではない。事故で亡くなることはあっても、そうならないようにルールを設けて制限しているわけで、これもスポーツの舞台性を形成する重要な要件であろう。そう考えると※1トレイルランニングや山岳マラソン、アドベンチャーレースなどは、登山と同じように山や自然を競技の場とはしているものの、明確にスポーツだと規定することができる。マラソンなどと同様コースが決まっているし、万が一の事故や急病に備えてスタッフや医療関係者が各所に配置されている。もちろん自然が舞台なので亡くなったり怪我したりするリスクはあるだろうが、そうならないように主催者は全体に配慮の網をかぶせている。またゲレンデクライミングも、岩場や開拓者がルートを整備したりトポ（ルート図）を発行したりして安全の確保やルール作りに取り組んでいることなどを考えると、スポーツだと考えてよさそうだ。

さて登山はどうだろうか。登山の場合ももちろん舞台はあるが、それが整っているとはいいにくい。登る山とルートが決まっていたとしても、当日の天候やルート状況によっては変更することが頻繁に起こるし、長い縦走や継続クライミングの場合などは、千変万化する自然状況に柔軟に対応してルートを変更したり、エスケープしたりすることのほうがむしろ多いぐらいだ。それどころか、途中で目標を変更してまったく別の山に登る、などということもないわけではない。これがスポーツだったら完全に失格だが、登山では予定通りに登れなくても必ずしも失敗というわけではない。そしてその※2融通無碍なところが登山の魅力だったりもする。

それに登山にはゴミを捨てないだとか、岩には無駄にボルトを打たないなどといった倫理はあっても、スポーツにあるような堅苦しいルールや行動範囲を縛りつける規制は、今のところ存在しない。どの山をどのように登るかは個人の好みや技術、体力に応じて思い思いに決定することができる。また当然、主催者がいるわけではなく、自分で安全を確保しながら登ることが原則となる。つまり登山とはスポーツのように第三者が舞台を整えてそこで競技するものではなく、自分で舞台を拵えておこなう自己完結型の行為だといえる。

ではスポーツでないとすれば何なのか。私はその本質は旅だと考えている。旅の本質とは何か考えてみると、それは今日の判断が明日の自分の成り行きを決定するような時間の流れのなかにある。たとえば、とある国を旅していたときにAという町にたどりつくとする。本当は明日にでもB町に移動するつもりだったが、A町がすっかり気に入ってしまったので二週間ほど居つくことにした。すると町の食堂で少し怪しげだが気のいいXという人物と親しくなり、C町に日本への留学経験のある友人がいるから会いに行かないかと誘われた。しょうがないからとC町に行ってみると、その留学経験のある友人の娘がたいそう美人で……というのが典型的な旅である。

このように旅とは予定調和に終らず、その場の状況や判断によって内容が次々と更新されていくのを本来の姿としている。よくいえば放浪、悪くいえば行き当たりばったりこそ、旅の本質だ。旅をしたときに自由だと感じられるのは、外国に行くことで日本の色々なしがらみから解放されるだけではなく、むしろこの判断と成り行きの連動作業を体験できるからだろう。明日以降の自分がどうなるのかわからないなかで判断し、その結果がおのずと自分の運命に跳ね返ってくるのだから、かなり純粋なかたちでの自由がそこには達成されている。

私が登山を旅的と感じるのはこの部分だ。登山は天候やルート状況を勘案しながら判断をくだして進めるゲームである。判断が正しければ登れるし、間違っていれば登れない。判断を間違うと登山者は最悪の場合、死という大きな代償を支払うことになるわけだから、結果として跳ね返ってくる運命の大きさを考えると、旅の最も旅的な部分を抽出したような行為だとすらいえる。

そしてその意味で、登山では旅よりもさらに高度な判断と成り行きの連動作業が体験できる。だから、享受できる自由の感覚も途方もなく大きくなる。この自由の感覚こそスポーツでは決して味わえない旅ならではの感覚であり、自由であるからこそ、登山者は危険にもかかわらず性懲りもなく山に足を運ぶのだろう。★

（中略）


ＧＰＳの問題について深く考えるようになったのは北極圏の旅をはじめてからである。

北極圏に行くまで私の探検の舞台はチベットやネパール、ニューギニアの山岳地帯が多かった。山では尾根や谷の地形的な起伏が顕著なので、地図とコンパスさえあれば自分の位置を正確に把握できる。ＧＰＳはあってもなくてもどうでもいい存在で、ちゃんと使ったこともなければ、さほど意識したこともなかった。

ところが北極圏の旅では、凍った海氷や平らな雪原に覆われたツンドラなど、地形的に目印の乏しい場所を進むことが多い。こうした場所では山とちがい、尾根や谷のかたちや向きから位置を推測することができず、地図とコンパスで位置を決定することがとても難しくなる。そのため航海と同じように緯度と経度を求めて「航法（ナビゲーション）」しなければならず、ＧＰＳが圧倒的な威力を発揮する。

二〇一一年にはじめて北極圏を旅するまで、私はこのＧＰＳの威力を正確に認識できていなかった。（中略）ＧＰＳが登場する前も探検家や航海士は※3六分儀で※4天測していたわけだから、ＧＰＳを使うといっても六分儀が多少便利になっただけで、機器で航法するという本質に変化はないと、あまり深く考えていなかった。

ところが実際に旅でＧＰＳを使いはじめると、これが六分儀とは全然ちがう。最大の相違点は、ＧＰＳを使うと周囲の自然条件と無関係に現在地を出せるところだ。

六分儀による天測だと、天体の高度を観測して位置を計算するわけだから、太陽だろうと夜空の星だろうと、とにかく外に出て天体観測しなくてはならない。そしてこの観測作業は口でいうほど簡単ではない。

特に極地のような極限的な寒さの中ではハードルが高く、氷点下四十度の寒さの中で向かい風に耐えながら、細かなネジを調整して天体を水平線に一致させるだけでも、極度に集中力が必要となる。しかも観測するうちに、六分儀には自分の吐く息で霜が張りついて星そのものが見えなくなってくるし、三十分も作業していたら手足は寒さでかじかみ、鼻ももげそうになる。

なんとか観測を終えても、今度はテントの中で天体の暦や対数表とにらめっこしながら、観測値を位置情報に変換するための複雑な作業に没頭しなければならない（ただし計算機があれば、この作業は省略できる）。苦労がともなうだけでなく、その観測値には少なくとも数キロの誤差がつきもので、一番困るのは、ＧＰＳとちがい、その結果がどこまで正確に出せているのかは観測者には絶対的にはわからないことだ。天測とは、最後は自分の腕を信じるしかなく、その意味では極めてアナログな技術なのである。

ところがＧＰＳを使うと、そういう苦労がすべてなくなり、夕飯の支度をしながら片手でボタンを数回押すだけで位置情報を取得することができてしまう。しかも、その情報は天測とちがって誤差がほぼゼロの、かぎりなく正確なものだ。

ＧＰＳを使うと、本来、旅において最も難しいはずの作業が最も簡単になるという逆転現象が発生する。それは〈前よりも便利になった〉という次元をはるかに超える、人間はなぜ冒険をするのかという本質を侵しかねない［Ａ］コペルニクス的な転回だ。

なぜ私たちが探検や冒険をするのかというと、それは行為のプロセスの中にある〈自然との関わり方〉に秘密があるからだ。

北極が例だとわかりにくいだろうから、登山を例に考えてもいい。私たちが山に登るのは、単に山頂に行きたいからではない。山頂に至るまでの〝山との関わりあい〟の中に魅力があるからこそ、人間は山に登るのではないだろうか。

登山者は山という厳しい自然に規定された世界の中で、少しおおげさにいうと、命を懸けた判断をくだしながら山頂を目指している。その過程として見逃せないのは、登山者がその行動や判断をつうじて常時、山になんらかの働きかけをおこなっていることだ。働きかけをして山と関係性を構築することで、登山者は山から肯定され、今その瞬間、そこに自分が存在しているという感覚を強く持つことができる。

これは何も抽象的な話ではない。クライミングをする人なら、誰にでも岩壁や氷壁を登っている最中に墜落の恐怖でガタガタと足が震えた経験があるはずだ。この恐怖という負の感情をつうじて私たちが獲得できているのは、「氷壁のなかに自分が今ある」という明確な自己存在の確認である。

周囲の世界との関係の中で、身体的な五感をつうじて自己の存在を確立できること、つまり山からきわめて実体的な存在を与えられることに登山の最大の魅力はあり、逆にいうとそこにしかないともいえる。

それは登山に限らず、極地探検や外洋航海でも同じことだ。過酷な寒さやどこまでもつづく大海原によって実体存在を与えられることに、探検や冒険の魅力はある。そしてこの自己存在確認の感覚は、こちらから自然に働きかけ、関与する領域が広がり、そして深まるほど大きくなる。

ところがGPSを使うと、この自然への働きかけと関与領域が極端に狭くなってしまう。地図読みや天測にあった外の世界を読み取るという働きかけがない状態で、いきなり百パーセントの正解が与えられるので、外との関係が薄くなり、自然から存在が与えられているという感覚も弱まってしまうのだ。

ＧＰＳを使いながら北極の荒野(こう や)を歩いていたとき、私は常に[B]妙(みょう)なもどかしさを感じていた。連日、寒さや風には苦しめられたし、極限的な空腹にも苛(さいな)まれたが、それでも私は自分は北極という土地を爪(つめ)で引っ掻(か)いているだけなんじゃないかという奇妙な※5隔靴掻痒(かっかそうよう)感を取り除くことができなかった。

肉体的には追いつめられているのに、なぜか？

その理由は、明らかにＧＰＳを使っていることにあった。そのことには旅の途中で気がついていたが、しかしもはやどうしようもなかった。

結局このときの旅では「航法」という極地探検においてもっとも基本的な作業を機械に外部委託(いたく)したせいで、自分が北極の自然とがっちりかみあっているという感覚を最後まで得ることができなかった。ＧＰＳを使うと、周囲の自然と自分との間にどうしても壁ができてしまい、その土地の真実の姿を知る機会を奪われてしまうのだ。

『エベレストには登らない』（角幡唯介(かくはたゆうすけ)著・小学館）

注　※1　山野を走るレース
※2　身の処し方がしなやかで、さまざまに変化する周囲の状況にただちに対処できる様子。
※3　天体と地平線との間の角度を測る道具。
※4　その場所の緯度と経度を知るために天体の位置を調べること。
※5　かゆいところに手が届かないようにもどかしいこと。

問一　この文章がのっている本の題名は『エベレストには登らない』です。☆から★までの文章をふまえて、この題名にこめた筆者の思いを考えて説明しなさい。（一二〇字～一八〇字程度）

問二　――線部[A]「コペルニクス的な転回」とはどういうことですか。この表現で筆者が言おうとしていることを具体的に説明しなさい。（一〇〇字～一五〇字程度）

問三　――線部[B]「妙なもどかしさ」とはどのようなことですか。なぜもどかしいのかがわかるように説明しなさい。（一二〇字～一八〇字程度）

【練習問題25／解説】論説文・桜蔭中（二〇二〇年）

［論説文のマークによる本文の一読目のマーク例］

☆［問いと答え］登山がスポーツなのかどうかについて私見を述べてみたい。

まず登山云々の前に［問いと答え］スポーツとは何かということについて考えてみたい。

私の考えでは［問いと答え］**スポーツとは**［言葉の定義］ある一定の人が活動していることと、舞台が整っていることの二つが成立条件になってくると思う。一定数の人がいることはいいとして、問題は後者のほうだ。部隊が整っているというのは、一つには文字どおり競技の舞台が用意されていることを意味する。野球でいえばスタジアム、ボクシングならリングだ。屋外でおこなわれる競技も、マラソンやトライアスロンなどは決まったコースから外れると失格になるので本質的には施設内と同じだ。また舞台が整っているということは、主催者により競技者の安全が——たとえそれが名目的であっても——確保されていることも意味している。ボクシングでは二人のファイターが野放図に死ぬまで殴りあうわけではない。事故で亡くなることはあっても、そうならないようにルールを設けて制限しているわけで、これもスポーツの舞台性を形成する重要な要件であろう。そう考えると、※1トレイルランニングや山岳マラソン、アドベンチャーレースなどは、登山と同じように山や自然を競技の場とはしているものの、明確にスポーツだと規定することができる。マラソンなどと同様コースが決まっているし、万が一の事故や急病に備えてスタッフや医療関係者が各所に配置されている。もちろん自然が舞台なので亡くなったり怪我したりするリスクはあるだろうが、そうならないように主催者は全体に配慮の網をかぶせている。またゲレンデクライミングも、岩場や開拓者がルートを整備したりトポ（ルート図）を発行したりして安全の確保やルール作りに取り組んでいることなどを考えると、スポーツだと考えてよさそうだ。

さて登山はどうだろうか。登山の場合ももちろん舞台はあるが、それが整っているとはいいにくい。登る山とルートが決まっていたとしても、当日の天候やルート状況によっては変更することが頻繁に起こるし、長い縦走や継続クライミングの場合などは、千変万化する自然状況に柔軟に対応してルートを変更したり、エスケープしたりすることのほうがむしろ多いぐらいだ。それどころか、途中で目標を変更してまったく別の山に登る、などということもないわけではない。これがスポーツだったら完全に失格だが、登山では予定通りに登れなくても必ずしも失敗というわけではない。そしてその※2融通無碍なところが登山の魅力だったりもする。

それに登山にはゴミを捨てないだとか、岩には無駄にボルトを打たないなどといった倫理はあっても、スポーツにあるような堅苦しいルールや行動範囲を縛りつける規制は、今のところ存在しない。どの山をどのように登るかは個人の好みや技術、体力に応じて思い思いに決定することができる。また当然、主催者がいるわけではなく、自分で安全を確保しながら登ることが原則となる。[具体例の前後のまとめ部分][言葉の定義]**つまり**登山**とは**スポーツのように第三者が舞台を整えてそこで競技するものではなく、自分で舞台を拵えておこなう自己完結型の行為だといえる。

[問いと答え]ではスポーツでないとすれば何なのか。[問いと答え]私はその本質は旅だと考えている。[言葉の定義]旅の本質**とは**何か考えてみると、それは今日の判断が明日の自分の成り行きを決定するような時間の流れのなかにある。たとえば、とある国を旅していたときにAという町にたどりつくとする。本当は明日にでもB町に移動するつもりだったが、A町がすっかり気に入ってしまったので二週間ほど居つくことにした。すると町の食堂で少し怪しげだが気のいいXという人物と親しくなり、C町に日本への留学経験のある友人がいるから会いに行かないかと誘われた。しょうがないからとC町に行ってみると、その留学経験のある友人の娘がたいそう美人で……というのが典型的な旅である。

[具体例の前後のまとめ部分]**このように**旅**とは**[言葉の定義]予定調和に終らず、その場の状況や判断によって内容が次々と更新されていくのを本来の姿としている。よくいえば放浪、悪くいえば行き当たりばったり**こそ**[主張表現・強調表現]、旅の本質だ。旅をしたときに自由だと感じられるのは、外国に行くことで日本の色々なしがらみから解放されるだけではなく、[むしろ]**むしろ**この判断と成り行きの連動作業を体験できるからだろう。明日以降の自分がどうなるのかわからないなかで判断し、その結果がおのずと自分の運命に跳ね返っ

てくるのだから、［(+)のキーワード］かなり純粋なかたちでの自由がそこには達成されている。［具体例の前後のまとめ部分］**私が登山を旅的と感じるのはこの部分だ**。登山は天候やルート状況を勘案しながら判断をくだして進めるゲームである。判断が正しければ登れるし、間違っていれば登れない。判断を間違うと登山者は最悪の場合、死という大きな代償を支払うことになるわけだから、結果として跳ね返ってくる運命の大きさを考えると、旅の最も旅的な部分を抽出したような行為だとすらいえる。

そしてその意味で、［具体例の前後のまとめ部分］登山では旅よりもさらに高度な判断と成り行きの連動作業が体験できる。だから、［(+)のキーワード］享受できる自由の感覚も途方もなく大きくなる。［(+)のキーワード］この自由の感覚**こそ**［主張表現・強調表現］スポーツでは決して味わえない旅ならではの感覚であり、自由であるから**こそ**、登山者は危険にもかかわらず性懲りもなく山に足を運ぶのだろう。★

（中略）

GPSの問題について深く考えるようになったのは北極圏の旅をはじめてからである。北極圏に行くまで私の探検の舞台はチベットやネパール、ニューギニアの山岳地帯が多かった。山では尾根や谷の地形的な起伏が顕著なので、地図とコンパスさえあれば自分の位置を正確に把握できる。GPSはあってもなくてもどうでもいい存在で、ちゃんと使ったこともなければ、さほど意識したこともなかった。

ところが北極圏の旅では、凍った海氷や平らな雪原に覆われたツンドラなど、地形的に目印の乏しい場所を進むことが多い。こうした場所では山とちがい、尾根や谷のかたちや向きから位置を推測することができず、地図とコンパスで位置を決定することがとても難しくなる。そのため航海と同じように緯度と経度を求めて「航法（ナビゲーション）」しなければならず、GPSが圧倒的な威力を発揮する。

二〇一一年にはじめて北極圏を旅するまで、私はこのGPSの威力を正確に認識できていなかった。（中略）GPSが登場する前も探検家や航海士は※3六分儀で※4天測していたわけだから、GPSを使うといっても六分儀が多少便利になっただけで、機器で航法するという本質に変化はないと、あまり深く考えていなかった。

ところが実際に旅でGPSを使いはじめると、これが六分儀とは全然ちがう。［具体例の前後のまとめ部分］**最大の相違点は、GPSを使うと周囲の自然条件と無関係に現在地を出せるところだ。**

六分儀による天測だと、天体の高度を観測して位置を計算するわけだから、太陽だろうと夜空の星だろうと、とにかく外に出て天体観測しなくてはならない。そしてこの観測作業は口でいうほど簡単ではない。

特に極地のような極限的な寒さの中ではハードルが高く、氷点下四十度の寒さの中で向かい風に耐えながら、細かなネジを調整して天体を水平線に一致させるだけでも、極度に集中力が必要となる。しかも観測するうちに、六分儀には自分の吐く息で霜が張りついて星そのものが見えなくなってくるし、三十分も作業していたら手足は寒さでかじかみ、鼻ももげそうになる。

なんとか観測を終えても、今度はテントの中で天体の暦や対数表とにらめっこしながら、観測値を位置情報に変換するための複雑な作業に没頭しなければならない（ただし計算機があれば、この作業は省略できる）。苦労がともなうだけでなく、その観測値には少なくとも数キロの誤差がつきもので、一番困るのは、GPSとちがい、その結果がどこまで正確に出せているのかは観測者には絶対的にはわからないことだ。［言葉の定義］天測**とは**、最後は自分の腕を信じるしかなく、その意味では極めてアナログな技術なのである。

ところがGPSを使うと、そういう苦労がすべてなくなり、夕飯の支度をしながら片手でボタンを数回押すだけで位置情報を取得することができてしまう。しかも、その情報は天測とちがって誤差がほぼゼロの、かぎりなく正確なものだ。

［具体例の前後のまとめ部分］GPSを使うと、本来、旅において最も難しいはずの作業が最も簡単になるという逆転現象が発生する。それは〈前よりも便利になった〉という次元をはるかに超える、人間はなぜ冒険をするのかという本質を侵しかねないAコペルニ

クス的な転回だ。

[問いと答え]なぜ私たちが探検や冒険をするのかというと、それは行為のプロセスの中にある〈自然との関わり方〉に秘密があるからだ。

北極が例だとわかりにくいだろうから、登山を例に考えてもいい。私たちが山に登るのは、単に山頂に行きたいからではない。山頂に至るまでの〝山との関わりあい〟の中に魅力があるから**こそ**[主張表現・強調表現]、人間は山に登る**のではないだろうか**[主張表現・強調表現]。

登山者は山という厳しい自然に規定された世界の中で、少しおおげさにいうと、命を懸けた判断をくだしながら山頂を目指している。その過程として見逃せないのは、登山者がその行動や判断をつうじて常時、山になんらかの働きかけをおこなっていることだ。働きかけをして山と関係性を構築することで、登山者は山から肯定され、今その瞬間、そこに[(+)のキーワード]自分が存在しているという感覚を強く持つことができる。

これは何も抽象的な話ではない。クライミングをする人なら、誰にでも岩壁や氷壁を登っている最中に墜落の恐怖でガタガタと足が震えた経験があるはずだ。この恐怖という負の感情をつうじて私たちが獲得できているのは、[具体例の前後のまとめ部分]「氷壁のなかに自分が今ある」という[(+)のキーワード]明確な自己存在の確認である。

[具体例の前後のまとめ部分]周囲の世界との関係の中で、身体的な五感をつうじて[(+)のキーワード]自己の存在を確立できること、つまり山からきわめて[(+)のキーワード]実体的な存在を与えられることに登山の最大の魅力はあり、逆にいうとそこに**しか**ないともいえる[主張表現・強調表現]。

それは登山に限らず、極地探検や外洋航海でも同じことだ。[具体例の前後のまとめ部分]過酷な寒さやどこまでもつづく大海原によって[(+)のキーワード]実体存在を与えられることに、探検や冒険の魅力はある。そしてこの[(+)のキーワード]自己存在確認の感覚は、[具体例の前後のまとめ部分]こちらから自然に働きかけ、関与する領域が広がり、そして深まるほど大きくなる。

[具体例の前後のまとめ部分]ところがGPSを使うと、この自然への働きかけと関与領域が極端に狭くなってしまう。地図読みや天測にあった外の世界を読み取るという働きかけがない状態で、いきなり百パーセントの正解が与えられるので、[具体例の前後のまとめ部分]外との関係が薄くなり、[(+)のキーワード]自然から存在が与えられているという感覚も弱まってしまうのだ。

GPSを使いながら北極の荒野を歩いていたとき、私は常に B 妙なもどかしさを感じていた。連日、寒さや風には苦しめられたし、極限的な空腹にも苛まれたが、それでも私は自分は北極という土地を爪で引っ掻いているだけなんじゃないかという奇妙な※5隔靴掻痒感を取り除くことができなかった。

[問いと答え]肉体的には追いつめられているのに、なぜか?

[問いと答え]その理由は、明らかにGPSを使っていることにあった。そのことには旅の途中で気がついていたが、しかしもはやどうしようもなかった。

[問いと答え]結局このときの旅では「航法」という極地探検においてもっとも基本的な作業を機械に外部委託したせいで、自分が[(+)のキーワード]北極の自然とがっちりかみあっているという感覚を最後まで得ることができなかった。[問いと答え]GPSを使うと、周囲の自然と自分との間にどうしても壁ができてしまい、その土地の真実の姿を知る機会を奪われてしまうのだ。

《論説文のマーク》では、「主張表現・強調表現」や「具体例前後のまとめ部分」、「問いと答え」をマークすることが多いです。ただし本問では、「自由」「自由の感覚」や「自分が存在しているという感覚」「自己存在の確認」といった「(+)のキーワード」をとらえることも大切でした。「キーワード」とは、「その文章に繰り返し出てくる言葉」という理解で構いませんが、今回のように、特に筆者がプラスの意味を込めて使っているキーワードに着目してマークするのがよいでしょう。

【問一／まとめ問題／解説】『エベレストには登らない』という題名にこめた筆者の思いを説明するまとめ問題です。

▼まとめ問題の解き方の手順
手順❶ 説明すべき部分を本文中から見つける。（具体例ではなく、具体例をまとめた部分から）
手順❷ ❶で見つけた部分を「わかりやすい解答」としてまとめる。

手順❶により、☆から★までの文章の中から「筆者の思い」が読み取れるところを見つけましょう。「筆者の思い」＝「筆者の言いたいこと」ととらえて、《論説文のマーク》でマークしたところを中心に拾っていきます。

・［問いと答え］登山がスポーツなのかどうかについて私見を述べてみたい。（1行目）

筆者は冒頭で、「登山がスポーツなのか」という問いを立て、これについて具体例を交えながら話を進めていきます。

・まず登山云々（うんぬん）の前に［問いと答え］スポーツとは何かということについて考えてみたい。（2行目）
・私の考えでは［問いと答え］スポーツとは［言葉の定義］ある一定の人が活動していることと、舞台（ぶ）が整っていることの二つが成立条件になってくると思う。（3〜4行目）
・［具体例の前後のまとめ部分］［言葉の定義］**つまり**登山**とは**スポーツのように第三者が舞台を整えてそこで競技するものではなく、自分で舞台を拵（こしら）えておこなう自己完結型の行為（い）だといえる。（25〜26行目）

なるほど。ここまでの内容をふまえると、筆者の言いたいことは、次のようにまとめられそうですね。

〈登山とはスポーツではなく、自分で舞台を拵（こしら）えておこなう自己完結型の行為である〉…（ア）

・［問いと答え］ではスポーツでないとすれば何なのか。［問いと答え］私はその本質は旅だと考えている。［言葉の定義］旅の本質**とは**何か考えてみると、それは今日の判断が明日の自分の成り行きを決定するような時間の流れのなかにある。（27〜28行目）

・［具体例の前後のまとめ部分］**このように**旅**とは**［言葉の定義］予定調和に終らず、その場の状況や判断によって内容が次々と更新されていくのを本来の姿としている。よくいえば放浪（ろう）、悪くいえば行き当たりばったり**こそ**［主張表現・強調表現］、旅の本質だ。旅をしたときに自由だと感じられるのは、外国に行くことで日本の色々なしがらみから解放されるだけではなく、［むしろ］**むしろ**この判断と成り行きの連動作業を体験できるからだろう。（33〜36行目）

さらに筆者は右のように、登山の本質が旅であること、旅とはどのようなものかを語ります。これらをもとに、次の（イ）のようにまとめてみます。なお、本文の次の四つは同じことを言いかえた表現だと読めますので、（イ）の中では一つにまとめてみました。

「今日の判断が明日の自分の成り行きを決定する」（28行目）

＝「予定調和に終らず、その場の状況や判断によって内容が次々と更新されていく」（33行目）

＝「よくいえば放浪（ろう）、悪くいえば行き当たりばったり」（34行目）

＝「判断と成り行きの連動作業」（35行目）

〈登山の本質とは旅であり、旅の自由は、判断と成り行きの連動作業を体験できるところにある〉…（イ）

・そしてその意味で、登山では旅よりもさらに高度な判断と成り行きの連動作業が体験できる。だから、享受できる自由の感覚も途方もなく大きくなる。この自由の感覚こそスポーツでは決して味わえない旅ならではの感覚であり、自由であるからこそ、登山者は危険にもかかわらず性懲り（しょうこ）りもなく山に足を運ぶのだろう。（42〜44行目）

［具体例の前後のまとめ部分］［（＋）のキーワード］［（＋）のキーワード］［主張表現・強調表現］

さらに筆者は登山と自由について、右のように述べます。まとめると次のようになるでしょう。

〈登山には旅よりもさらに高度な判断と成り行きの作業が体験できるからこその自由があり、その自由の感覚こそが登山の魅力である〉…（ウ）

ここでは「自由」という言葉が繰り返されており、これがキーワードになっています。こうした**（＋）のイメージのキーワードは解答の中に入れることを意識したいものです。**

では、（ア）〜（ウ）としてまとめた内容を整理して、☆〜★の文章から読み取れる筆者の言いたいことをまとめてみます（手順❷）。特に大切なのは（イ）と（ウ）でしょう。これらをまとめて（エ）とします。

〈登山の本質は旅であり、旅の自由は判断と成り行きの連動作業を体験できるところにあるが、登山には旅よりもさらに高度な判断と成り行きの作業が体験できるからこその自由があり、その自由の感覚こそが登山の魅力である〉…（エ）

では最後に、（エ）にまとめた筆者の考えと、『エベレストには登らない』という題名がどうつながるかを考えてみましょう。登山の本質は旅であり、登山には旅よりももっと大きな自由を味わえると筆者は言います。――だとすれば、わざわざエベレストに登る必要はないのではないか。エベレストに登らずとも十分に登山の魅力は味わえるはずだと筆者は言いたいのではないでしょうか。そうした思いが『エベレストには登らない』という題名にこめられていると考えられます。解答にはこのあたりのことを入れればよいでしょう。

さて、この問いでも、《論説文のマーク》にしたがって「筆者の言いたいこと」を読み取り、それを丁寧にわかりやすくまとめていけば、十分に解答できることがわかりますね。私が作成した【解答例】も、なるべく本文の言葉を用いて、中学受験生が何とか書けるレベルの解答を示してみました。また、繰り返しになりますが、筆者が言いたいのは、具体例自体ではありません。ですから、**具体例を通して筆者は何を言いたいのかを意識し、《論説文のマーク》でマークをしたところから「筆者の言いたいこと」を丁寧につかんでいくことが大切です。**

【解答例】

登山の本質は旅であり、旅の自由は判断と成り行きの連動作業を体験できるところにあるが、登山には旅よりもさらに高度な判断と成り行きの作業が体験できるからこその自由があり、その自由の感覚こそが登山の魅力である。だとすれば、わざわざエベレストに登らなくとも十分に登山の魅力は味わえるはずだという思い。（146字）

【解答例（学校発表）】

世界最高峰であるエベレストの頂上を目指すということは、言いかえればエベレスト以外の山を認めない考え方である。しかし筆者は、登山とは旅と同じであり、自分の判断と成り行きが連動して次々と新しい場面に出会う自由なものであると考えているので、行き先が最終的にエベレストである必要はないということ。（144字）

【問二／言いかえ問題／解説】「コペルニクス的な転回」とはどういうことかをわかりやすい別の言葉で説明する言いかえ問題です。「この表現で筆者が言おうとしていること」とありますから、《論説文のマーク》により「筆者の言いたいこと」を見つけて解答に書くこと、また「具体的に」という条件もありますから、本文の具体例も交えながら書きましょう。

▼言いかえ問題の解き方の手順
手順❶　傍線部をいくつかの部分に分ける。
手順❷　それぞれの部分を、別のわかりやすい言葉で言いかえる。
手順❸　❷でできた文を「わかりやすい解答」に整える。

今回は傍線部が長くありませんから区切る必要はないでしょう（手順❶は省略）。手順❷から考えます。

「コペルニクス的な転回」とは、物事の見方が180度変わってしまうことをたとえた言葉（コペルニクスが当時一般的だった天動説を否定して地動説という新しい説を唱えたことに由来します）ですが、この意味を知らなくとも、**【傍線部のルール❶　傍線部を含む一文は丁寧に読む】**より――線部Ａ「コペルニクス的な転回」を含む一文を見てみると、

［具体例の前後のまとめ部分］
・ＧＰＳを使うと、本来、旅において最も難しいはずの作業が最も簡単になるという逆転現象が発生する。それは〈前よりも便利になった〉という次元をはるかに超える、人間はなぜ冒険をするのかという本質を侵しかねないＡコペルニクス的な転回だ。（75～77行目）

とありますから、筆者は、

GPSを使うと、本来、旅において最も難しいはずの作業が最も簡単になるという逆転現象が発生する＝人間はなぜ冒険をするのかという本質を侵しかねない**A**コペルニクス的な転回

と言っていることがわかります。つまり、ここでの「コペルニクス的な転回」とは、〈GPSを使うと、本来、旅において最も難しいはずの作業が最も簡単になるという逆転現象が発生するが、それは、人間はなぜ冒険をするのかという本質を侵しかねない〉ということを述べているのですね。これが「解答の根拠」になります。

では次に、手順❸により、「解答の根拠」を「わかりやすい解答」に整えます。

「解答の根拠」の中で問題になるのは、次の三つでしょうか。

（1）〈本来、旅において最も難しいはずの作業〉とは何か？
（2）〈人間はなぜ冒険をするのかという本質〉とは何か？
（3）〈侵しかねない〉とはどういうことか？

［解答のルール②　指示語・比喩・わかりにくい表現は具体化して言いかえる］によって、これらをそれぞれ具体的に言いかえましょう。

（1）〈本来、旅において最も難しいはずの作業〉とは、〈位置情報を取得すること〉（72～73行目）でしょう。

（2）〈人間はなぜ冒（ぼう）険をするのかという本質〉はやや難しいですが、丁寧に本文を読んでいきましょう。《論説文のマーク》でマークしたところに着目していくと、

・［問いと答え］なぜ私たちが探検や冒険をするのかというと、それは行為のプロセスの中にある〈自然との関わり方〉に秘密があるからだ。（78〜79行目）

・山頂に至るまでの〝山との関わりあい〟の中に魅力があるから**こそ**［主張表現・強調表現］、人間は山に登る**のではないだろうか**［主張表現・強調表現］。（81行目）

とあるように、筆者は、「自然との関わり方」「山との関わりあい」の中にある魅力のために冒険をするのだと言っていることがわかりますね。

では、「自然との関わり方」「山との関わりあい」の中にある魅力とは何でしょうか。筆者は次のように述べます。

・［具体例の前後のまとめ部分］周囲の世界との関係の中で、身体的な五感をつうじて自己の存在を確立できること［(+)のキーワード］、つまり山からきわめて実体的な存在を与えられること［(+)のキーワード］に登山の最大の魅力はあり、逆にいうとそこに**しか**［主張表現・強調表現］ないともいえる。（89〜90行目）

・［具体例の前後のまとめ部分］過酷な寒さやどこまでもつづく大海原によって実体存在を与えられることに［(+)のキーワード］、探検や冒険の魅力はある。（91〜92行目）

なるほど。つまり、「自然との関わり方」「山との関わりあい」の中にある魅力とは、「自己の存在の確立（89行目）」「きわめて実体的な存在を与えられること（89〜90行目）」「実体存在を与えられること（91行目）」だというのですね。

そしてこれらは、「自分が存在しているという感覚（85行目）」や「明確な自己存在の確認（88行目）」、「自然から存

在が与えられているという感覚（96行目）」などと同じことです。筆者がプラス評価をして、繰り返し使われている言葉（＝キーワード）ですね。では、これらの中から一番わかりやすい言葉を使って、（2）〈人間はなぜ冒険をするのかという本質〉を次のように言いかえておきましょう。

〈人間はなぜ冒険をするのかという本質〉

↓

〈自然から存在が与えられているという感覚〉

最後に、（3）〈侵しかねない〉とはどういうことかを考えます。「侵す」とは「害を与える」「損なう」などという意味。「かねない」とは「〜してしまうかもしれない」「〜の可能性がある」という意味です。したがって、（2）で考えたような感覚を〈弱めてしまうかもしれない〉という意味だと考えられますね。

さて、これらを踏まえて、「答えのもと」の（1）〜（3）の箇所について、**【解答のルール② 指示語・比喩・わかりにくい表現は具体化して言いかえる】**によって言いかえてみます（太字部分が言いかえ箇所です）。

〈GPSを使うと、**本来、旅において最も難しいはずの作業**が最も簡単になるという逆転現象が発生するが、それは、**人間はなぜ冒険をするのかという本質**を**侵しかねない**〉

↓

〈GPSを使うと、**位置情報を取得すること**が最も簡単になるという逆転現象が発生するが、それは、**自然から存在が与えられているという感覚**を**弱めてしまうかもしれない**〉

前頁の言いかえをもとに「わかりやすい解答」に整えると、次の【解答例】のようになります。なお、筆者は〈自然から存在が与えられているという感覚〉こそが探検や冒険の魅力だと述べているので（89～92行目）、それがなくなれば、探検や冒険の魅力もなくなってしまうのでしょう。「筆者の言いたいこと」を明確にするためにも、このあたりも【解答例】に加えてみました。また、「どういうことですか」と問われているので、文末は「～こと。」にすることもお忘れなく。（**【解答のルール④ 文末表現に注意する】**）

【解答例】

ＧＰＳを使うと、旅において最も難しいはずの位置情報を取得する作業が最も簡単になるが、それによって、自然から自分の存在が与えられているという感覚が弱まり、探検や冒険の魅力が失われてしまうということ。（98字）

【解答例（学校発表）】

ＧＰＳの登場によって、それまでとはくらべものにならないほど簡単に正確な位置情報を知ることができるようになったということを言いたいのではなく、旅や冒険をする理由そのものがなくなってしまったということを言おうとしている。（108字）

【問三／言いかえ問題＋理由問題／解説】「妙なもどかしさ」を言いかえる問題ですが、もどかしさを感じる理由も解答に含めなければなりませんから、理由問題の考え方も用います。

▼言いかえ問題の解き方の手順

手順❶　傍線部をいくつかの部分に分ける。

手順❷　それぞれの部分を、別のわかりやすい言葉で言いかえる。

手順❸　❷でできた文を「わかりやすい解答」に整える。

今回も傍線部は区切る必要はありませんから、手順❷から考えていきましょう。**〔傍線部のルール❹　傍線部内の言葉と同じ言葉・似た言葉に注目する〕**により、「妙なもどかしさ」に似た言葉を探していくと、

・自分は北極という土地を爪（つめ）で引っ掻（か）いているだけなんじゃないかという奇妙な隔靴掻痒（かっかそうよう）感（98～99行目）

が見つかりますね。ただ、右の部分は比喩を含んでおり、わかりにくい表現ですから、これはどういうことなのかをさらに具体的に言いかえる必要があります。（**〔解答のルール②　指示語・比喩・わかりにくい表現は具体化して言いかえる〕**）すると、本文に次のような部分が見つかります。

・自分が北極〔(十)のキーワード〕の自然とがっちりかみあっているという感覚を最後まで得ることができなかった。（103～104行目）

ここにある「自分が北極の自然とがっちりかみあっているという感覚」（〔(＋)のキーワード〕）も比喩表現ですが、これは、【問二】でやったように、「自己の存在を確立（89行目）」「きわめて実体的な存在を与えられること（89～90行目）」「実体存在を与えられること（91～92行目）」「自分が存在しているという感覚（85行目）」や「明確な自己存在の確認（88行目）」、「自然から存在が与えられているという感覚（96行目）」などと同じ感覚のことですね。ですから、その中で一番わかりやすい「自然から存在が与えられているという感覚（96行目）」と言いかえればよいでしょう。

したがって、「妙なもどかしさ」＝「奇妙な隔靴掻痒（かっかそうよう）感（99行目）」とは、次のように言いかえることができます。

〈自分が北極の自然から存在が与えられているという感覚を得ることができないということ〉…（ア）

さて、次に、なぜもどかしいのかという理由を考えます。これは理由問題の考え方ですね。

▼理由問題の解き方の手順

手順❶ 「○○はなぜか」「○○の理由を説明しなさい」の○○を「結果」とする。（傍線部が「結果」になっていることが多い）

手順❷ 「結果」に対する「原因・理由」を本文中から読み取る。

手順❸ 「原因・理由＋結果」の文を作り、「原因・理由」と「結果」の因果関係が正しいかどうかを確かめる。

手順❹ 「原因・理由」の部分を「わかりやすい解答」に整える。（文末は「～から」）

「もどかしい」を「結果」として（手順❶）、それに対する「原因・理由」を本文から読み取りましょう（手順❷）。

これは端的に言えば、**《論説文のマーク》の ③ 問いと答え** でマークした、

・［問いと答え］肉体的には追いつめられているのに、なぜか？（100行目）
・［問いと答え］その理由は、明らかにGPSを使っていることにあった。（101行目）

では、GPSを使っていると、なぜ「もどかしい」のでしょうか。その理由は、**［傍線部のルール❹ 傍線部内の言葉と同じ言葉・似た言葉に注目する］**により、「GPS」という言葉を探していくと見つかりやすいでしょう。

でわかるように、〈GPSを使っていたから〉なのでしょう。ただ、これだけでは解答としてわかりづらいので、もう少し詳しく見る必要があります。（**［解答のルール② 指示語・比喩・わかりにくい表現は具体化して言いかえる］**）

・［具体例の前後のまとめ部分］ところがGPSを使うと、この自然への働きかけと関与領域が極端に狭くなってしまう。（94行目）
・［問いと答え］GPSを使うと、周囲の自然と自分との間にどうしても壁ができてしまい、その土地の真実の姿を知る機会を奪われてしまうのだ。（104～105行目）

ただ、右の「壁ができてしまい（105行目）」は比喩でわかりづらいので、「壁ができる」→〈一体感が味わえない〉などと言いかえておきます。（**［解答のルール② 指示語・比喩・わかりにくい表現は具体化して言いかえる］**）

以上のことから、なぜもどかしいのかという理由は、次のようにまとめられます。何となく自分で考えるのではなく、なるべく本文の言葉を利用して作ることが大切です。

〈GPSを使うと、自然への働きかけと関与領域が極端に狭くなってしまうために、自然との一体感が味わえず、その土地の真実の姿を知る機会を奪われてしまうから〉…（イ）

これは「結果」である「もどかしい」につないで読んでみても、因果関係は正しそうです（手順❸）。

では最後に、（ア）（イ）を「わかりやすい解答」にします。「どのようなことですか」と問われているので、文末は「こと。」ですね（**［解答のルール④ 文末表現に注意する］**）。

【解答例】

GPSを使うと、自然への働きかけと関与領域が極端に狭くなってしまうために、自然との一体感が味わえず、その土地の真実の姿を知る機会を奪われてしまうので、自分が北極の自然から存在が与えられているという感覚を得ることができないということ。（116字）

【解答例（学校発表）】

登山や極地探検や外洋航海では、人間が、過酷な自然の中で身体の五感をとぎすませ、自分の命がけの判断が正しいかどうかわからないという恐怖をたえず味わうことで、自己の存在を確認できるところに、大きな魅力がある。しかし、このときの筆者は、自分の位置を知る作業をGPSにすっかりまかせたせいで、恐怖からのがれて、肉体の苦しみはあっても、自己存在確認ができず、もの足らず、じれったかったということ。（193字）

桜蔭中が発表した解答例では、前半に登山や冒険の魅力についての記述がありますが、これは設問で直接要求されていない内容ですから、実際の入試で受験生が書けるかというと、なかなか難しいのではないでしょうか。ですから【解答例】のように、まずは設問できかれていることを、本文の言葉をなるべく使って素直に書いた解答が書ければ十分だと思います（このレベルの解答を書けるだけでも相当なものですからね）。

【練習問題26】物語文・桜蔭中（二〇二一年）

次の文章を読んで、後の問いに答えなさい。

あのな、タロ。うち、おなじクラスに、にがてな女子がおるねん。

中沢真紀。

五年二組でいちばん髪（かみ）が長くて、足もすーっと長くて、おはだもつるつるしとって、やたらおしゃれで、なんや気どっとる。男子には「クールビューティー」言われとるけど、うちは真紀ちゃんの目がこわい。

あれは、ケモノの目や。タロよりずっと狂暴（きょうぼう）や。

真紀ちゃんはいつもジミめの田中さんを手下みたいにしたがえて、ハデめの男子らとキャアキャアはしゃいどるのに、ときどき、なんや（注1）味変（あじへん）みたいな感じで、うちらのグループにくっついてくる。うちら、お人よしさかい、くっついてきたらムシできひん。そやから、うちらのグループは基本四人やねんけど、真紀ちゃんと田中さんがおるときは六人になる。

六人になるたび、うち、なんや無口になってまう。

なんでやろ。

うち、だれとでもペラペラしゃべれるはずやのに、真紀ちゃんとだけはよう話さん。口が動いてくれへんし、舌がまわってくれへん。根性ふりしぼって口開いても、あっというまに話がつきてまう。

たとえば、うちが「今日はえらい暑いなあ」とか、言うやろ。そしたら、真紀ちゃん、つんとした声で「ま、夏やしな」なんて言うねん。夏やしな、言われたら、もうなんも返せへん。冬かて「寒い」って言われへん。

真紀ちゃんの言葉がうちには通じひん、ちゅう問題もある。

まえに、うちが「肩からつるすズボンみたいなやつ、はいてみたい」言うたら、真紀ちゃん、「それ、ひょっとしてサロペットのことちゃう?」なんて、ケモノの目をギラギラさせて、つっこむねん。「肩からつるすズボンとか、ウケる!」なんて、ケラケラ高笑いや。

真紀ちゃんはセレブっぽいカタカナ語が好物で、なんでもカタカナにおきかえる。うちには意味がわからへん。日本語で言えることを日本語で言うてなにが悪いねん。

いつもはツンとしとるのに、射程圏内に男子が入ったとたん、あまったるい声ではしゃぎだすのも見苦しい。態度がちがいすぎるねん。

そないな女子は、これまでもクラスに一人か二人はおったけど、うちはかかわりあいにならへんように遠くからながめとった。

真紀ちゃんはそうもいかへん。花たばみたいなにおいのコロンをぷんぷんさせて、自分から近づいてくる。

真紀ちゃんがそばにおると、時間がたつのがおそい。休み時間の十分が、使いきれへんくらいに長ったらしく思える。給食もよう味わわん。真紀ちゃんのすまし顔をまっすぐ見られへんで、うちの目、いつも泳いどる。

ほんまに、ほんまに、にがてやねん。

ほんで、もっとあかんことに――たぶん、真紀ちゃんもうちがにがてや。うちの顔、まっすぐ見いひんし。めったに話しかけてきいひんし。うちらのギャグにもしらっとしとるし。真紀ちゃんがうちを見て笑うときは鼻で笑うときやし。

みんなでろうかを歩いとるあいだに、うっかり、うちが真紀ちゃんの横になったりするやろ。そしたら、真紀ちゃんの足が急にはよなるねん。徒競走か、ちゅうくらいのいきおいでみるみるはなれてく。

あの人、ぜったい、うちがにがてやわ。

いや――にがてどころか、うち、真紀ちゃんにごっつきらわれとるんちゃうやろか。

古い橋みたいにぐらぐらしとったうちと真紀ちゃんの関係に、バリッと強烈（れつ）なヒビが入ったのは、何日かまえの昼休みや。

昼どきはよく真紀ちゃんと田中さんがうちらにくっついてくるから、四人グループが六人になる。その日も、つくえ六つ合わせて、味のぼんやりした給食を食べとるあいだ、うち、半分ギャグでこぼしてん。

「うちの学校の給食、ほんま、塩分ひかえめすぎるわ。調味料のケチりかたえげつない」

ただの軽口やで。人間社会では、こないなギャグをスパイスにして、味のぼんやりした給食を食べるんや。生きる知恵（え）や。

なのに、言うたとたんに、真紀ちゃんのずぶとい声が飛んできた。

「ほな塩でもしょうゆでも家からもってきて、どっさどっさかけて、高血圧になったらええわ」

Aがつんと顔に岩塩（がんえん）ぶつけられた気がしたわ。ほんま。

ほかのみんなもぶったまげた顔して、一瞬（しゅん）、その場がしんとなった。二、三秒やな。それから、みんなはなんもなかったふりして、またぼちぼちしゃべりだしたけど、**B**うちはなかなか復活できひんかった。

頭のなかで真紀ちゃんの声がぐるぐるしとってん。

男子のまえではぜったい出さへん野性のうねりが、な。

その夜、うちは爆（ばく）発した。

「あー、もう限界や。なんでうち、真紀ちゃんにあないなこと言われなあかんのやろ。給食の味がうすいのは、全校生徒に共通のなやみや。うちはみんなの心のさけびを代弁したっただけや。なんで真紀ちゃんがカッカせなあかんのん？ほんま、あの子はうちのやることなすこと気にいらんのやろな。そやけど、それはおたがいさまや。うちかて、ぜんぜん負けへんくらい、真紀ちゃんがヤでヤでしゃあないわ」

うっぷんをぶちまけたあいては、塾（じゅく）仲間のミーヤン。毎週、火曜日と木曜日に塾で会うて、電車でとちゅうまでいっしょに帰る。

塾の仲間は、学校の人間関係を知らへんさかい、気楽になんでもしゃべれるねん。

「けど、ほんまにわからんわ。ケンカしたわけでもあらへんのに、なんでうちと真紀ちゃん、こないなことになっとるんやろ」

塾でも、帰り道でも、うちはひたすらグチりつづけた。

そしたら、うちのおりる駅が近づいたころ、それまでふんふんきいとるだけやったミーヤンが、きゅうに口を開いてん。

「あんな、水穂（みずほ）」

ハスキーボイスのミーヤンは、じーっとうちの目を見て、ハスキーに言うてん。

「あんたと真紀ちゃんは、生まれながらに相性が悪い。それだけや」

「へ？」

「馬が合わへん、ちゅうやっちゃ」

ちなみに、ミーヤンは今どきめずらしい六人きょうだいの長女で、だからか知らんけど、ごっつ性根がすわっとる。うちはひとりっ子やし、親もようは家におらんさかい、ミーヤンを姉ちゃんみたいに思っとるところもある。

そのたのもしいミーヤンが、あんまりあっけらかんと言うてくれたもんやから、うち、ぽかんとなってしもて、十秒くらいなんも言えへんかった。

「……馬が、合わへん？」

十一秒めくらいにかぼそい声を出したら、ミーヤンはアネゴらしく「そや」とあごをあげた。

「どうにもならへん生まれつきの相性や。どっちがええとか、あかんとかの話ちゃう。なやんだところで時間のムダや。脳細胞（ぼう）の浪（ろう）費や」

「へ。馬が合わへんかったら、なやんでもムダなんか？」

「そや。馬が合わへんちゅうのは、そういうこっちゃ。合わんもんは合わん。そうわりきって終わりにするしかない。そないな相性のあいてが、だれにでもおるねん」

「おるんか？」

「おる、おる。うちにもおるで」

「ミーヤンにも？」

「それが人生や」

「はあ……」

ほんま、ミーヤンときたら、えらいきっぱり絶望的な宣言をしてくれたもんや。

そやけどな、「どっちがええとか、あかんとかの話ちゃう」言うてもろたことで、なんとなく、**C**うち、ホッとしたのもほんまやねん。

親や先生に話したら、「人をきらったらあかん」とか、「ええとこ探したれ」とか、言われるやん。けど、ええとこ見つからへんから、うちはこまっとるねん。

もともと馬が合わへんのんなら、たしかに、しゃあない思えるわ。

うちも真紀ちゃんも悪なくて、あかんのは馬や。

うちと真紀ちゃんは馬が合わへん。

うちと真紀ちゃんは馬が合わへん。

うちと真紀ちゃんは馬が合わへん。

ふしぎやねん。**D**頭のなかでなんどもくりかえしとるうちに、なんや、うち、みるみる元気になってきた。

うちと真紀ちゃんのあいだにあった、うまく言葉にならへんぎくしゃくした感じ。いつも空いとるびみょうな距離。目と目のバチバチ。わけがわからへんかったそれに「馬が合わへん」ちゅう名前をもろて、なんや、すうっとむねが軽なった。

「ミーヤン、おおきに!うち、らくになったわ」

別れぎわ、ミーヤンに感謝のハグをしたったら、

「水穂はえらいたんじゅんやなあ」

って笑われた。

真紀ちゃんのことはいまでもにがてやで。

あの声も、あの顔も、あのコロンのにおいも。

そやけど、あれ以来、真紀ちゃんにむかついたり、むかつかれたりして、頭のどこかにどくどく「にがて汁」が流れこんできたときには、馬が合わへん、馬が合わへんって、心のなかで呪文みたいにとなえることにしとる。そしたら、ちょっとは汁がうすまる。

そや、似とる言葉も見つけたで。

「虫がすかん」

これも、なんやようわからへんけど馬が合わへんあいてをさす言葉やろ。

あと、あかん相性の者どうしを「水と油」って言ったりもする。

こんだけいろんな言葉ができたのは、やっぱり遠いむかしから、どこにでも、だれにでも、にがてなあいてがおったせいちゃうやろか。そのあいてへの腹立ちを、むかしの日本人は、うまいこと馬や虫にすりかえようとしたのかもしれん。人類の英知やな。

Eそやからな、タロ。

そや、あんたの話や。

知っとるで。あんた、浅木さんとこのクリストファーがにがてやろ。散歩で会うたび、ガーッて歯をむきだして、えらいけんまくでおこっとるもんな。

たしかに、柴犬のあんたと、アフガンハウンドのクリストファーは、おなじ犬とは思えん。いもようかんとガトーショコラくらいかけはなれとる。

そやかて、おこってもムダや。体力の消費や。

カッときたときは、ぐっとのみこんで、そっと心で(注2)つぶやいとき。

「しゃあない、うちらは『犬猿の仲』なんや」って。


「あの子がにがて」『あしたのことば』（森絵都著・小峰書店）

注
1 料理を食べているとちゅうで、調味料などで味を変えること。
2 「つぶやいておきなさい」の意。

問一 ――線部**A**、**B**とありますが、なぜこのようになったのでしょうか。このときの水穂の気持ちを、これまでの真紀ちゃんとの関係を踏まえて、説明しなさい。（一二〇字～一八〇字程度）

問二 ――線部**C**とありますが、なぜ「ホッとした」のでしょうか。わかりやすく説明しなさい。（一五〇字～二一〇字程度）

問三 ――線部**D**からは、水穂のどのような気持ちの変化がわかりますか。読点の打ち方に注目して説明しなさい。（一〇〇字～一五〇字程度）

問四 ――線部**E**とありますが、なぜタロに言いきかせているのだと思いますか。考えて答えなさい。（一二〇字～一八〇字程度）

【練習問題26／解説】 物語文・桜蔭中（二〇二一年）

［物語文のマークによる本文の一読目のマーク例］

あのな、タロ。うち、おなじクラスに、にがてな女子がおるねん。

中沢真紀。

五年二組でいちばん髪が長くて、足もすーっと長くて、おはだもつるつるしとって、やたらおしゃれで、なんや気どっとる。男子には「クールビューティー」言われとるけど、うちは真紀ちゃんの目がこわい。

あれは、ケモノの目や。タロよりずっと狂暴や。

真紀ちゃんはいつもジミめの田中さんを手下みたいにしたがえて、ハデめの男子らとキャアキャアはしゃいどるのに、ときどき、なんや（注1）味変みたいな感じで、うちらのグループにくっついてくる。うちら、お人よしさかい、くっついてきたらムシできひん。そやから、うちらのグループは基本四人やねんけど、真紀ちゃんと田中さんがおるときは六人になる。

六人になるたび、うち、なんや無口になってまう。

なんでやろ。

うち、だれとでもペラペラしゃべれるはずやのに、真紀ちゃんとだけはよう話さん。口が動いてくれへんし、舌がまわってくれへん。根性ふりしぼって口開いても、あっというまに話がつきてまう。

たとえば、うちが「今日はえらい暑いなあ」とか、言うやろ。そしたら、真紀ちゃん、つんとした声で「ま、夏やしな」なんて言うねん。夏やしな、言われたら、もうなんも返せへん。冬かて「寒い」って言われへん。

真紀ちゃんの言葉がうちには通じひん、ちゅう問題もある。

まえに、うちが「肩(かた)からつるすズボンみたいなやつ、はいてみたい」言うたら、真紀ちゃん、「それ、ひょっとしてサロペットのことちゃう?」なんて、ケモノの目をギラギラさせて、つっこむねん。「肩からつるすズボンとか、ウケる!」なんて、ケラケラ高笑いや。

真紀ちゃんはセレブっぽいカタカナ語が好物で、なんでもカタカナにおきかえる。うちには意味がわからへん。日本語で言えることを日本語で言うてなにが悪いねん(不満、反発)。

いつもはツンとしとるのに、射程圏内に男子が入ったとたん、あまったるい声ではしゃぎだすのも見苦しい。態度がちがいすぎるねん(反発、反感)。

そないな女子は、これまでもクラスに一人か二人はおったけど、うちはかかわりあいにならへんように遠くからながめとった。

真紀ちゃんはそうもいかへん。花たばみたいなにおいのコロンをぷんぷんさせて、自分から近づいてくる。

真紀ちゃんがそばにおると、時間がたつのがおそい。休み時間の十分が、使いきれへんくらいに長ったらしく思える。給食もよう味わわん。真紀ちゃんのすまし顔をまっすぐ見られへんで、うちの目、いつも泳いどる。

ほんまに、ほんまに、にがてやねん(悩む、困惑)。

ほんで、もっとあかんことに――たぶん、真紀ちゃんもうちがにがてや。うちの顔、まっすぐ見いひんし。めったに話しかけてきいひんし。うちらのギャグにもしらっとしとるし。真紀ちゃんがうちを見て笑うときは鼻で笑うときやし。

みんなでろうかを歩いとるあいだに、うっかり、うちが真紀ちゃんの横になったりするやろ。そしたら、真紀ちゃんの足が急にはよなるねん。徒競走か、ちゅうくらいのいきおいでみるみるはなれてく。

あの人、ぜったい、うちがにがてやわ。

いや——にがてどころか、うち、真紀ちゃんにごっつきらわれとるんちゃうやろか。（不安、悩む）

古い橋みたいにぐらぐらしとったうちと真紀ちゃんの関係に、バリッと強烈なヒビが入ったのは、何日かまえの昼休みや。

昼どきはよく真紀ちゃんと田中さんがうちらにくっついてくるから、四人グループが六人になる。その日も、つくえ六つ合わせて、味のぼんやりした給食を食べとるあいだ、うち、半分ギャグでこぼしてん。

「うちの学校の給食、ほんま、塩分ひかえめすぎるわ。調味料のケチりかたえげつない」

ただの軽口やで。人間社会では、こないなギャグをスパイスにして、味のぼんやりした給食を食べるんや。生きる知恵や。

なのに、言うたとたんに、真紀ちゃんのずぶとい声が飛んできた。

「ほな塩でもしょうゆでも家からもってきて、どっさどっさかけて、高血圧になったらええわ」

Aがつんと顔に岩塩ぶつけられた気がしたわ。（衝撃）ほんま。

ほかのみんなもぶったまげた顔して、一瞬、その場がしんとなった。二、三秒やな。それから、みんなはなんもなかったふりして、またぼちぼちしゃべりだしたけど、**B**うちはなかなか復活できひんかった。（衝撃）

頭のなかで真紀ちゃんの声がぐるぐるしとってん。

男子のまえではぜったい出さへん野性のうねりが、な。

その夜、うちは爆発した。（不満、反感、いら立ち）

「あー、もう限界や。なんでうち、真紀ちゃんにあないなこと言われなあかんのやろ。給食の味がうすいのは、全校生徒に共通のなやみや。うちはみんなの心のさけびを代弁したっただけや。なんで真紀ちゃんがカッカせなあかんのん？ほんま、あの子はうちのやることなすこと気にいらんのやろな。そやけど、それはおたがいさまや。うちかて、ぜんぜん負けへんくらい、真紀ちゃんがヤでヤでしゃあないわ」

うっぷんをぶちまけたあいては、塾仲間のミーヤン。毎週、火曜日と木曜日に塾で会うて、電車でとちゅうまでいっしょに帰る。

塾の仲間は、学校の人間関係を知らへんさかい、気楽になんでもしゃべれるねん。

「けど、ほんまにわからんわ。ケンカしたわけでもあらへんのに、なんでうちと真紀ちゃん、こないなことになっとるんやろ」

塾でも、帰り道でも、うちはひたすらグチりつづけた。

そしたら、うちのおりる駅が近づいたころ、それまでふんふんきいとるだけやったミーヤンが、きゅうに口を開いてん。

「あんな、水穂」

ハスキーボイスのミーヤンは、じーっとうちの目を見て、ハスキーに言うてん。

「あんたと真紀ちゃんは、生まれながらに相性が悪い。それだけや」

「へ？」

「馬が合わへん、ちゅうやっちゃ」

ちなみに、ミーヤンは今どきめずらしい六人きょうだいの長女で、だからか知らんけど、ごっつ性根がすわっとる。

うちはひとりっ子やし、親もようは家におらんさかい、ミーヤンを姉ちゃんみたいに思っとるところもある。

そのたのもしいミーヤンが、あんまりあっけらかんと言うてくれたもんやから、うち、ぽかんとなってしもて、十秒くらいなんも言えへんかった。

「……馬が、合わへん？」

十一秒めくらいにかぼそい声を出したら、ミーヤンはアネゴらしく「そや」とあごをあげた。

「どうにもならへん生まれつきの相性や。どっちがええとか、あかんとかの話ちゃう。なやんだところで時間のムダや。脳細胞の浪費や」

「へ。馬が合わへんかったら、なやんでもムダなんか?」

「そや。馬が合わへんちゅうのは、そういうこっちゃ。合わんもんは合わん。そうわりきって終わりにするしかない。そないな相性のあいてが、だれにでもおるねん」

「おるんか?」

「おる、おる。うちにもおるで」

「ミーヤンにも?」

「それが人生や」

「はあ……」

ほんま、ミーヤンときたら、えらいきっぱり絶望的な宣言をしてくれたもんや。

そやけどな、「どっちがええとか、あかんとかの話ちゃう」言うてもろたことで、なんとなく、**C**うち、ホッとした(安心)のもほんまやねん。

親や先生に話したら、「人をきらったらあかん」とか、「ええとこ探したれ」とか、言われるやん。けど、ええとこ見つからへんから、うちはこまっとるねん。

もともと馬が合わへんのんなら、たしかに、しゃあない(納得)思えるわ。

うちも真紀ちゃんも悪なくて、あかんのは馬や。

うちと真紀ちゃんは馬が合わへん。

うちと真紀ちゃんは馬が合わへん。

うちと真紀ちゃんは馬が合わへん。

ふしぎやねん。**D**頭のなかでなんどもくりかえしとるうちに、なんや、うち、みるみる元気になってきた。

うちと真紀ちゃんのあいだにあった、うまく言葉にならへんぎくしゃくした感じ。いつも空いとるびみょうな距離（きょり）。目と目のバチバチ。わけがわからへんかったそれに「馬が合わへん」ちゅう名前をもろて、なんや、すうっとむねが軽（清々しい、晴れ晴れした）なった。

「ミーヤン、おおきに！　うち、らくになったわ」

別れぎわ、ミーヤンに感謝のハグをしたったら、

「水穂はえらいたんじゅんやなあ」

って笑われた。

真紀ちゃんのことはいまでもにがてやで。

あの声も、あの顔も、あのコロンのにおいも。

そやけど、あれ以来、真紀ちゃんにむかついたり、むかつかれたりして、頭のどこかにどくどく「にがて汁」が流れこんできたときには、馬が合わへん、馬が合わへんって、心のなかで呪（じゅ）文みたいにとなえることにしとる。そしたら、ちょっとは汁がうすまる（気が楽になる）。

そや、似とる言葉も見つけたで。

「虫がすかん」

これも、なんやようわからへんけど馬が合わへんあいてをさす言葉やろ。

あと、あかん相性の者どうしを「水と油」って言ったりもする。

こんだけいろんな言葉ができたのは、やっぱり遠いむかしから、どこにでも、だれにでも、にがてなあいてがおったせいちゃうやろか。そのあいてへの腹立ちを、むかしの日本人は、うまいこと馬や虫にすりかえようとしたのかもしれん。人類の英知やな（感心する）。

Eそやからな、タロ。

そや、あんたの話や。

知っとるで。あんた、浅木（あさぎ）さんとこのクリストファーがにがてやろ。散歩で会うたび、ガーッて歯をむきだして、えらいけんまくでおこっとるもんな。

たしかに、柴犬のあんたと、アフガンハウンドのクリストファーは、おなじ犬とは思えん。いもようかんとガトーショコラくらいかけはなれとる。

そやかて、おこってもムダや。体力の消費や。

カッときたときは、ぐっとのみこんで、そっと心で（注2）つぶやいとき。

「しゃあない、うちらは『犬猿（えん）の仲』なんや」って。

物語文では「登場人物の気持ち」をつかみながら読むことが大切です。設問でも、多くはその部分が問われます。そのため一読目には、右に示したように、《物語文のマーク》にしたがって「登場人物の情報」「登場人物の気持ち」が読み取れるところにマークをしながら読みましょう。今回は主人公の水穂の気持ちを中心にマークしてみましたが、複数の人物の気持ちをマークする必要がある問題もあります。**なお、「登場人物の気持ち」は、主に「登場人物の言動（セリフ、行動、表情）」から読み取ります。気持ちの読み取りのコツは、その場面を映像化してイメージすることです。**

また、「うれしい」「悲しい」などと気持ちがそのまま書かれているもの以外は、**言動などから読み取った気持ちを、マークの脇にでもメモしておくとよいでしょう。**そうすることで、物語の始めと終わりで、人物の気持ちがどのように変化していくのかがはっきりととらえられるようになります。こうした「登場人物の気持ちの意識化」は、設問を解く上での大きなヒントになります。

【問一／気持ち問題＋理由問題／解説】真紀ちゃんに対する水穂の気持ちをふまえて、——線部A、Bとなった理由を考える理由問題です。「気持ち問題」と「理由問題」の考え方を合わせて使います。

まずは、これまでの真紀ちゃんとの関係をふまえて、真紀ちゃんに対する水穂の気持ちを考えてみます。

▼気持ち問題の解き方の手順

手順❶　言動・情景描写から「気持ち」を読み取る。（映像化してイメージする）

手順❷　その「気持ち」になった「理由」を本文中から読み取る。

手順❸　「理由＋気持ち（結果）」の文を作り、「理由」と「気持ち（結果）」の因果関係が正しいかどうかを確かめる。

手順❹　「理由＋気持ち」を「わかりやすい解答」に整える。

《物語文のマーク》でマークした箇所を手掛かりにすると、

・にがて（1行目）

・日本語で言えることを日本語で言うてなにが悪いねん（20～21行目）　不満、反発

・態度がちがいすぎるねん（22～23行目）　反発、反感

・ほんまに、ほんまに、にがてやねん（29行目）　悩む、困惑

・うち（不安、悩む）、真紀ちゃんにごっつきらわれとるんちゃうやろか（37行目）

などとありますから、〈苦手〉〈反発〉〈悩んでいる〉といった気持ちが読み取れますね。（手順❶）

次に手順❷です。〈苦手〉な理由は、

・うち、だれとでもペラペラしゃべれるはずやのに、真紀ちゃんとだけはよう話さん（12行目）

・真紀ちゃんがそばにおると、時間がたつのがおそい。休み時間の十分が、使いきれへんくらいに長ったらしく思える。（27〜28行目）

といったところから、〈何から何まで気が合わないから〉などと考えられます。こうした具体的な内容をまとめるときには、**【解答のルール③ 具体例は抽象化して言いかえる】**をしっかり意識したいですね。

また、〈反発〉を覚える理由は、

・真紀ちゃんの言葉がうちには通じひん、ちゅう問題もある。（16行目）

・真紀ちゃんはセレブっぽいカタカナ語が好物で、なんでもカタカナにおきかえる。（20行目）

・いつもはツンとしとるのに、射程圏内に男子が入ったとたん、あまったるい声ではしゃぎだすのも見苦しい。（22行目）

とあることから、短く表すと〈言葉や態度が合わないから〉などと言えそうですね。

そして〈悩んでいる〉理由としては、

・いや——にがてどころか、うち（不安、悩む）、真紀ちゃんにごっつきらわれとるんちゃうやろか（37行目）

とあるように、〈真紀ちゃんも自分のことが苦手なだけでなく、嫌いなのではないかと感じているから〉と考えられるでしょう。

これらを合わせて、これまでの真紀ちゃんに対する水穂の気持ちを「理由＋気持ち」で表すと、

〈真紀ちゃんとは何から何まで気が合わないため苦手に感じ、その言葉や態度に反発も覚えていたが、真紀ちゃんも自分のことが苦手なだけでなく、嫌いなのではないかと悩んでもいた〉…（ア）

などと表すことができそうです。念のため、理由と気持ちの因果関係も確認してください。正しいですよね。（手順❸＋手順❹）

では次に、——線A、Bのときの水穂の気持ちはどうでしょう。（手順❶）

・Aがつんと顔に岩塩ぶつけられた気がしたわ（47行目）

・Bうちはなかなか復活できひんかった（49行目）

これらから読み取れる気持ちは、〈衝撃〉が一番ふさわしいでしょう。

では、そんな気持ちになった理由は？（手順❷）——それは次のあたりから読み取れますね。

・「うちの学校の給食、ほんま、塩分ひかえめすぎるわ。調味料のケチりかたえげつない」

ただの軽口やで。人間社会では、こないなギャグをスパイスにして、味のぼんやりした給食を食べるんや。生きる知恵や。

なのに、言うたとたんに、真紀ちゃんのずぶとい声が飛んできた。

「ほな塩でもしょうゆでも家からもってきて、どっさどっさかけて、高血圧になったらええわ」（42〜46行目）

・ほんま、あの子はうちのやることなすこと気にいらんのやろな。（55行目）

もちろん、こうした具体的なセリフはそのまま解答に書けませんから、**［解答のルール③ 具体例は抽象化して言い**

かえる」にしたがって、短く言いかえる必要があります。たとえば〈給食の味について軽口を言っただけなのに、真紀ちゃんにひどいことを言われたことで、真紀ちゃんは自分を嫌っているのだとはっきりわかったから〉といった具合にまとめればよいでしょう。

これらを踏まえ、――線A、Bのときの水穂の気持ちを「理由＋気持ち」で表すと、〈給食の味について軽口を言っただけなのに、真紀ちゃんにひどいことを言われたことで、真紀ちゃんは自分を嫌っているのだとはっきりわかり、衝撃を受けている〉…（イ）などと表すことができます。理由と気持ちの因果関係も問題ありませんね。（手順❸＋手順❹）

最後に、（ア）（イ）をわかりやすい解答に整えます。長くなる場合には、特に［**解答のルール①　主語・述語・目的語のわかりやすい文にする**］に注意して。また、文末は「〜から。」ですね。（［**解答のルール④　文末表現に注意する**］）

【解答例】

水穂は真紀ちゃんとは何から何まで気が合わないため苦手に感じ、その言葉や態度に反発も覚えていたが、真紀ちゃんも自分のことが苦手なだけでなく、嫌いなのではないかと悩んでもいた。そんな時、給食の味について軽口を言っただけなのに、真紀ちゃんにひどいことを言われたことで、真紀ちゃんは自分を嫌っているのだとはっきりわかり、衝撃を受けたから。（165字）

【解答例（学校発表）】

水穂は真紀ちゃんを苦手と感じ、さらに、真紀ちゃんも自分のことを苦手に思っているように感じ、そのことを気にしていた。だが、このときは、自分の言った軽口に、単に共感してもらえなかったのみならず真っ向から否定する言葉をぶつけられたことで、真紀ちゃんは自分を苦手どころか、本気で嫌いなのだと感じ、強いショックを受けたから。（157字）

【問二／理由問題／解説】 水穂が「ホッとした」理由を答える理由問題です。物語文ですから、手順❷で示すように「気持ち」も解答に入れることがポイントです。

▼理由問題の解き方の手順

手順❶　「○○はなぜか」「○○の理由を説明しなさい」の○○を「結果」とする。
（傍線部が「結果」になっていることが多い。）

手順❷　「結果」に対する「原因・理由」を本文中から読み取る。
（原則として、物語文・随筆では「気持ち」も入れる）

手順❸　「原因・理由＋結果」の文を作り、「原因・理由」と「結果」の因果関係が正しいかどうかを確かめる。

手順❹　「原因・理由」の部分を「わかりやすい解答」に整える。（文末は「〜から」）

まず、「ホッとした」＝「安心した」ということは、何かしらの「不安」「心配」「悩み」があり、それが解消されたということを表していますね。つまり、

安心した↓不安、心配・悩みがあったが、それが解消された

ということです。こういった、「安心↑↓不安（心配、悩み）」のような「気持ちの対比構造」は、あらかじめいくつ

か覚えておくと便利ですね。例えば、次のような「気持ちの対比構造」はよく出てきます。

がっかりする・残念に思う↓予想・期待をしていたが、それが裏切られた
失望する↓期待・望みをいだいていたが、それが叶わなかった

さて、話をもとに戻しましょう。「ホッとした」＝「安心した」ということは、何らかの不安、心配、悩みがあったわけですから、それが何かを本文から読み取ればよいことがわかりますね。したがって、「不安」「心配」「悩み」が書かれているところを探しましょう。すると、

・「けど、ほんまにわからんわ。ケンカしたわけでもあらへんのに、なんでうちと真紀ちゃん、こないなことになっとるんやろ」（60〜61行目）

とあるように、水穂は真紀ちゃんとの関係に悩んでいました。「こないなことになっとる」とは、簡単に言えば〈互いに相手を苦手に思っているだけでなく、嫌っている〉ということでしょう。また、

・けど、ええとこ見つからへんから、うちはこまっとるねん。（89〜90行目）

という部分からも、〈真紀ちゃんのいいところが見つからずに困っている〉ことがわかります。

これらを合わせて考えると、もともと水穂が感じていた「不安」「心配」「悩み」は次のように表せるでしょう。

〈真紀ちゃんのいいところが見つからないため、自分は真紀ちゃんがどうしても苦手で嫌っていだが、真紀ちゃんも

自分のことが苦手で嫌いだということがわかり、悩んでいた〉…（ア）

一方で、「安心」とは、「不安」「心配」「悩み」が解消されることによって起こるわけですから、次に、なぜそうした「不安」「心配」「悩み」が解消されたのかを考えてみます。

・「どうにもならへん生まれつきの相性や。どっちがええとか、あかんとかの話ちゃう。なやんだところで時間のムダや。脳細胞の浪費(ろうひ)や」（76〜77行目）

・「そや。馬が合わへんちゅうのは、そういうこっちゃ。合わんもんは合わん。そうわりきって終わりにするしかない。そないな相性のあいてが、だれにでもおるねん」（79〜80行目）

・うちと真紀ちゃんのあいだにあった、うまく言葉にならへんぎくしゃくした感じ。いつも空いとるびみょうな距離(きょり)。目と目のバチバチ。わけがわからへんかったそれに「馬が合わへん」ちゅう名前をもろて、なんや、すうっとむねが軽なった。（97〜99行目）

まずはこのあたりから、次のような理由が読み取れるでしょう。このときの水穂の気持ちは〈清々しい〉〈晴れ晴れした〉あたりが適当ですね。

〈ミーヤンに、誰にでも生まれつき相性の悪い「馬が合わへん」相手がいるので、どちらがいいとか悪いとかの話ではなく、悩んでもむだだと言われたことで、悩みから解放され、晴れ晴れした気持ちになったから〉…（イ）

・そやけどな、「どっちがええとか、あかんとかの話ちゃう」言うてもろたことで、なんとなく、Cうち、ホッとした(安心)のもほんまやねん。（87〜88行目）

・もともと馬が合わへんのんなら、たしかに、しゃあない思えるわ。
うちも真紀ちゃんも悪なくて、あかんのは馬や。（91～92行目）

また、右の部分からも理由が読み取れそうです。わかりやすいように言葉を補ってまとめると、次のようになるでしょうか。ここでの水穂の気持ちは〈納得〉ですね。

〈ミーヤンに、どちらがいいとか悪いとかの問題ではないと言われたことで、悪いのは自分でも真紀ちゃんでもない、馬が合わないのなら仕方がないと納得できたから〉…（ウ）

このように考えた上で、水穂の「不安」「心配」「悩み」が解消された理由（イ）（ウ）をつないでまとめてみます。

〈ミーヤンに、誰にでも生まれつき相性の悪い「馬が合わへん」相手がいるので、どちらがいいとか悪いとかの問題ではなく、悩んでもむだだと言われたことで、悪いのは自分でも真紀ちゃんでもない、馬が合わないのなら仕方がないと納得でき、悩みから解放され、晴れ晴れした気持ちになったから〉…（エ）

最後に、（ア）と（エ）をわかりやすくつなぎあわせれば次の【解答例】ができます。念のため、因果関係も問題ないことを確認してください。また、長くなりますから、特に**［解答のルール① 主語・述語・目的語のわかりやすい文にする］**に気を付けて。そして理由問題ですから、文末は「～から。」ですね。（**［解答のルール④ 文末表現に注意する］**）

このようにして導いた【解答例】は、学校発表の解答例のようにスマートな解答ではないかもしれませんが、本文に則して引き出せば、何とか書けるレベルのものかと思います。もちろんこれだけ書ければ合格点には十分でしょう。

【解答例】

真紀ちゃんのいいところが見つからないため、自分は真紀ちゃんがどうしても苦手で嫌っていたが、真紀ちゃんも自分のことが苦手で嫌いだということがわかり、悩んでいた。しかしミーヤンに、誰にでも生まれつき相性の悪い「馬が合わへん」相手がいるので、どちらがいいとか悪いとかの問題ではなく、悩んでもむだだと言われたことで、悪いのは自分でも真紀ちゃんでもない、馬が合わないのなら仕方がないと納得でき、悩みから解放され、晴れ晴れした気持ちになったから。（217字）

【解答例（学校発表）】

それまで、水穂は真紀ちゃんに苦手意識を持ちながらも、真紀ちゃんのことを嫌ってはいけない、いいところを探さなければならないと思い、それができない自分に苦しみ、いらだっていた。しかし、ミーヤンに「あんたと真紀ちゃんは、生まれながらに相性が悪い。それだけや」と言ってもらったことで、自分と真紀ちゃんの仲の悪さについて、自分を責める必要も真紀ちゃんを責める必要もないのだと感じ、仕方ないものだと受け入れ、どうにかしようともがくことから解放されたから。（221字）

【問三／気持ち問題／解説】 気持ち問題の中でも、「気持ちの変化の問題」にあたります。

▼気持ちの変化の問題の解き方の手順
手順❶ 「変化後の気持ち」を読み取る。
手順❷ 「変化後の気持ちの理由（変化のきっかけ）」を本文中から読み取る。
手順❸ 「変化前の気持ち」を読み取る。（「変化後の気持ち」の逆になっていることが多い）
手順❹ 「変化前の気持ちの理由」を本文中から読み取る。
手順❺ 「変化前の気持ちの理由＋変化前の気持ち＋変化後の気持ちの理由（変化のきっかけ）＋変化後の気持ち」で解答を書く。

まず、――線部Dの中に「元気になってきた」とありますが、このときの気持ちを考えます。いわゆる「変化後の気持ち」ですね。（手順❶）

ところで、ここでいう「元気になってきた」とは、もう少し詳しく言うと、どんな気持ちを表しているのでしょうか。《物語文のマーク》でマークしたところに注目すれば、――線部Dのすぐ後に次のところが見つかります。

・なんや、すうっと（清々しい、晴れ晴れした）むねが軽なった。（98〜99行目）
・「ミーヤン、おおきに！うち、らくになったわ」（100行目）

したがって「元気になった」＝〈清々しい〉〈晴れ晴れした〉〈気が楽になった〉あたりがふさわしい気持ちになり

そうです。これは【問二】で考えた気持ちとほぼ同じですね。

では次に、そうした気持ちになった理由を本文から読み取ります。（手順❷）

これは――線部Dの中にある、「頭のなかでなんどもくりかえしとるうちに」がその理由ですが、このままではわかりにくいですね。そもそも、何を頭の中でなんどもくりかえすのかがわかりませんから、これを補いましょう（**［傍線部のルール❺ 傍線部内に省略された主語・述語・目的語を補う］**）。これはもちろん、

・うちと真紀ちゃんは馬が合わへん。（93・94・95行目）

という言葉のことですね。よって、〈清々しい〉〈晴れ晴れした〉〈気が楽になった〉という気持ちの理由として、〈「うちと真紀ちゃんは馬が合わへん」という言葉を頭の中で繰り返したから〉というのが考えられます。

また、本文には左のようにありますから、

・もともと馬が合わへんのんなら、たしかに、しゃあない思えるわ。（91行目）

・うちも真紀ちゃんも悪なくて、あかんのは馬や。（92行目）

・うちと真紀ちゃんのあいだにあった、うまく言葉にならへんぎくしゃくした感じ。いつも空いとるびみょうな距離。目と目のバチバチ。わけがわからへんかったそれに「馬が合わへん」ちゅう名前をもろて、（97〜98行目）

もう一つの理由として、〈自分と真紀ちゃんとのうまくいかない関係に、「馬が合わへん」という名前をもらい、悪いのは自分でも真紀ちゃんでもなく、馬が合わないのであれば仕方がないのだと納得できたことで、悩みから解放されたから〉といったことが考えられます。ちなみにここでは、「うちと真紀ちゃんのあいだにあった、うまく言葉にならへんぎくしゃくした感じ。いつも空いとるびみょうな距離。目と目のバチバチ。」という部分を、**［解答のルール**

③具体例は抽象化して言いかえる」にしたがって〈自分と真紀ちゃんとのうまくいかない関係〉とまとめてみました。

さて、ここでいったん、これまでの内容から、「変化**後**の気持ちの理由＋変化**後**の気持ち」をまとめてみます。

〈「うちと真紀ちゃんは馬が合わへん」という言葉を頭の中で繰り返すうちに、自分と真紀ちゃんとのうまくいかない関係について、悪いのは自分でも真紀ちゃんでもなく、馬が合わないのであれば仕方がないのだと納得できたことで、悩みから解放され、清々しい気持ちになり、気が楽になった。〉…（ア）

では、今度は「変化**前**の気持ち」と「変化**前**の気持ちの理由」を考えてみます。（手順❸と手順❹）

これは【問二】で考えたのと同じように、「気持ちの対比構造」に着目するとわかりやすいと思います。

――線部**D**の中に「元気になってきた」とありますから、それ以前は「元気ではなかった」わけですね。つまり簡単に言えば、

〈真紀ちゃんとの関係がうまくいかずに悩んでいた〉…（イ）

ということでしょう。これを「変化**前**の気持ちの理由＋変化**前**の気持ち」とします。【問二】で考えたことと同じような内容ですが、本問では字数の関係から、【問二】よりも簡潔に表してみました。

あとは（ア）（イ）をもとに、解答をわかりやすく整えればよいでしょう。（手順❺）

ただ最後に、注意すべきことが一つあります。設問文の条件として、「読点の打ち方に注目して」とありますね。ここを必ず解答に反映させましょう。注目すべき読点の打ち方とは、特に「なんや、うち、みるみる元気になってきた」のあたりですね。これは、「馬が合わへん」という言葉を、水穂が実感として「だんだんと」「自然に」「少しずつ」理解できた様子を表していると読めそうです。したがって、これらのことを入れて、解答を完成させましょう。

結果的に、本問の【解答例】は、【問二】とかなり似通ったものになりました。

【解答例】

真紀ちゃんとの関係がうまくいかずに悩んでいたが、「うちと真紀ちゃんは馬が合わへん」という言葉を頭の中で繰り返すうちに、悪いのは自分でも真紀ちゃんでもなく、馬が合わないのであれば仕方がないのだということが少しずつ納得できたことで、悩みから解放され、清々しい気持ちになり、気が楽になった。（142字）

【解答例（学校発表）】

真紀ちゃんとの関係がなぜうまくいかないのだろうともやもやしていたが、「馬が合わへん」という言葉を何度も繰り返すことで、その言葉が自分の中に定着していき、少しずつ納得がいって、気持ちが楽になった。（97字）

【問四／理由問題／解説】 なぜタロに言いきかせているのかという理由を答える理由問題です。

▼理由問題の解き方の手順

手順❶ 「○○はなぜか」「○○の理由を説明しなさい」の○○を「結果」とする。
（傍線部が「結果」になっていることが多い）

手順❷ 「結果」に対する「原因・理由」を本文中から読み取る。
（原則として、物語文・随筆では「気持ち」も入れる）

手順❸ 「原因・理由＋結果」の文を作り、「原因・理由」と「結果」の因果関係が正しいかどうかを確かめる。

手順❹ 「原因・理由」の部分を「わかりやすい解答」に整える。（文末は「〜から」）

もちろんこれは、タロに言いきかせているのではなく、水穂が自分自身に言いきかせているのだと読めなければなりません。それをわかりやすく解答にすることが求められている問題です。「タロに言いきかせている」を「結果」と考え（手順❶）、その理由を本文から読み取りましょう。（手順❷）

・知っとるで。あんた、浅木（あさぎ）さんとこのクリストファーがにがてやろ。（119行目）
・そやかて、おこってもムダや。体力の消費や。
カッとききたときは、ぐっとのみこんで、そっと心でつぶやいとき。

「しゃあない、うちらは『犬猿(えん)の仲』なんや」って。（123〜125行目）

右のあたりから、〈苦手なクリストファーにはおこってもムダで、「犬猿の仲」なのだから仕方がないのだと、水穂はタロに言いきかせている〉ことがわかります。しかしそれは、

・真紀ちゃんのことはいまでもにがてやで。
あの声も、あの顔も、あのコロンのにおいも。
そやけど、あれ以来、真紀ちゃんにむかついたり、むかつかれたりして、頭のどこかにどくどく「にがて汁」が流れこんできたときには、馬が合わへん、馬が合わへんって、心のなかで呪(じゅ)文みたいにとなえることにしとる。そしたら、ちょっと(気が楽になる)は汁がうすまる。（105〜109行目）

とあるように、タロに言いきかせることによって、〈相変わらず真紀ちゃんのことは苦手だが、互いの関係がうまくいかないときにも、「馬が合わへん」と心の中でとなえることで、少しは気が楽になる〉と自分自身に言い聞かせているのだとわかりますね。手順❸や手順❹に注意して、これらをもとにわかりやすい解答を作ればよいでしょう。

なお、「犬猿の仲」「馬が合わへん」といった具体的なセリフは、「相性が悪い」などと言いかえてもいいかもしれませんね。（**「解答のルール③ 具体例は抽象化して言いかえる」**）

【解答例】

苦手なクリストファーにはおこってもムダで、「犬猿の仲」なのだから仕方がないのだとタロに言いきかせることによって、相変わらず真紀ちゃんのことは苦手だが、互いの関係がうまくいかないときにも腹をたてず、相性が悪いのだから仕方がないと思って真紀ちゃんとつき合っていこうと、自分自身に言い聞かせようとしているから。（152字）

【解答例（学校発表）】

ミーヤンに「馬が合わない」という言葉を教わった後も、水穂が真紀ちゃんにむかついたり、むかつかれたりすることは続いている。タロにクリストファーとの関係について言い聞かせるふりをしながら、「真紀ちゃんにむかついても、ぐっとこらえて、犬猿の仲だからしょうがないと思おう」と、自分自身に言い聞かせようとしているから。（154字）

【練習問題27】物語文・開成中（二〇二一年／一部抜粋）

次の文章を読んで、後の問いに答えなさい。

今度の遠足は蔵王で、拓也は初めて汽車に乗れるのでうれしかった。けれど、遠足の日が近づくにつれて、心配になってきたことがひとつある。

前々から遠足にはいていくズックを買ってくれるように頼んでおいたのに、明日が遠足だという今日になっても、まだ買ってもらえなかった。

遠足の前日は朝から雨だった。はずれたといの間から落ちてくる雨水が、軒下の古だるに当たって、ビチャビチャ音をたてるのを聞きながら、拓也は朝飯を食った。

ゆうべも母親によく頼んでおいたけれど、母親は生返事ばかりで、買ってやるとも、買ってやらないとも、言わなかった。

父親は朝飯をすませると、いろりでいっぷくをつけた。拓也はズックのことで、何か言うのではないかと、ときどき目のはしで見るのだが、ゆるゆるとたばこの青いけむりが上がっているだけで、いつもと少しも変わらなかった。ズックと、のどまで出かかったが、みそ汁といっしょに飲みこんで、母親の方をにらんだ。母親はセカセカと後かたづけを始めている。拓也は急いでご飯をかきこんだ。

土間で拓也が長ぐつをはいていると、そのわきにペチャンコになった貧相なズックがあった。①きのうまで履いていた物なのに、もう何年もどこかでほこりにまみれていた、きたない物に見えた。

母親も土間におりてきて、かけてあったカッパを着た。今日じゅうに町に行って、買ってきてもらわないことには間に合わないので、拓也は片方のズックを、つまむように持ち上げて、もう一度ねだった。

「かあちゃん、ほれ見でみろ。俺（おれ）のズック」

母親はゴワゴワのカッパを着て、髪の毛をうるさそうに後ろになでつけた。母親がふり返ったところで、拓也は小指からかかとの方に向かって、大きく穴のあいているズックを、おおげさに開いて見せた。

「バクバクだ。こんじゃ遠足にはいていかんにェ。あしただぜ、遠足」

「ん、……」

わかったのかどうか、母親はあやしい返事をして戸を開けた。

「絶対買ってな」

と、もうひとこと言おうとして、拓也も外に出た。

雨はあいかわらず降っていて、その中をカッパをすっぽり着こんだ母親が歩いていた。かさを開いていると、和子（かずこ）の母親の山本先生も家から出て来た。拓也の母親は三度もおじぎをした。山本先生は薄茶（うすちゃ）のかさをさして、クリーム色のスラックスをはいていた。黒いゴムガッパは、とろとろにぬれながら山の方に曲がって行った。

拓也のすぐわきで、はずれたといからこぼれる水が、古だるに当たって四方に散っていた。そっとかさをさし出して、雨水をうけてみた。そして、ボンボンボンという不規則なかさに当たる水の音を聞きながら、右と左にだんだんわかれていく二人をながめていた。

夕方になると、西の方にある飯豊山（いいでさん）の上の空が、少しずつ明るくなってきた。拓也はその空を見てあしたは晴れるだろうと思った。

夜になっても、父親も母親も新しいズックのことはなにも言わなかった。

新しいズックは、家のどこにもないようだった。

拓也は腹がへっていたけれど、夕飯を食わなかった。食ってやるもんか、そんな気持ちでだまっていると、

「食いたくなけりゃ、食わなけりゃいい」

と、父親がどなった。

　拓也はくやしくなって、ふとんを頭からかぶって、そのまま眠(ねむ)ってしまった。

　つぎの日は、遠足だということと、腹がへったので、いつもよりだいぶ早く目がさめてしまった。拓也は何回も寝返(ねがえ)りをうちながら、腹がへったのをがまんして、ホオジロの鳴くのを聞いていた。

「起きて用意すろは」

と、母親が戸の向こうから声をかけた。

「晴れたかァ」

　ホオジロが鳴くので、晴れているのはわかっているけれど、きいてみた。

「日本晴れだ。早ぐ起きてご飯食えは」

　いもの煮えている、うまそうな匂(にお)いがした。

　起きてきた拓也を見て、母親が言った。

「これなら、今日一日ぐらい、はけるべェ」

　見ると、ズックは洗ってあって、穴のあいた片方のズックが、白い糸でぬってあった。

「もうちょいで乾(かわ)ぐは」

　母親は、ズックの口を火にかざして乾かしていた。

「ケェー、ぬったんかァ」

「もうすぐ、米売ったら新しいの買ってやっから」

「うん……」

　洗ったあとが黄色くしまになって、きばんでいる線が、拓也にはボロくさくていやだったけれど、しかたないと思ってうけとった。ボロはボロだけど、前のズックよりはよっぽどましだし、なんだかうれしい気がして、母親に何か言いたく

なった。土間におろして、そろえながら、

②A「ちょっとカッコ悪（わり）いなァ」

と言って、笑ってみせた。

「なんもカッコ悪いことがあるもんか」

背中の方から聞こえてきた母親の言葉のおわりが、かすかに震（ふる）えているようだった。拓也は、②B言わなければよかった、と後悔した。

「糸」『銀のうさぎ』所収（最上一平著・新日本出版社）

問一　――部①「きのうまで履（は）いていた物なのに、もう何年もどこかでほこりにまみれていた、きたない物に見えた」とありますが、そのように見えたのはなぜですか。五十字以上、七十字以内で説明しなさい。

問二　――部②B「言わなければよかった」とありますが、――部②A「『ちょっとカッコ悪いなァ』と言って、笑ってみせた」からここまでの拓也の心情の変化を、「後悔した。」につながるように、五十字以上、七十字以内で説明しなさい。

【練習問題27／解説】物語文・開成中（二〇二一年／一部抜粋）

［物語文のマークによる本文の一読目のマーク例］

今度の遠足は蔵王（ざおう）で、拓也（たくや）は初めて汽車に乗れるのでうれしかった。けれど、遠足の日が近づくにつれて、心配になってきたことがひとつある。

前々から（不満）遠足にはいていくズックを買ってくれるように頼（たの）んでおいたのに、明日が遠足だという今日になっても、まだ買ってもらえなかった。

遠足の前日は朝から雨だった。はずれたといの間から落ちてくる雨水が、軒下（のきした）の古だるに当たって、ビチャビチャ音をたてるのを聞きながら、拓也は朝飯を食った。

ゆうべも（新しいズックを買ってほしい）母親によく頼んでおいたけれど、母親は生返事ばかりで、買ってやるとも、買ってやらないとも、言わなかった。

父親は朝飯をすませると、いろりでいっぷくをつけた。拓也はズックのことで、何か言うのではないかと（期待）、ときどき目のはしで見るのだが、ゆるゆるとたばこの青いけむりが上がっているだけで、いつもと少しも変わらなかった。ズックと、のどまで出かかったが、みそ汁（しる）といっしょに飲みこんで、母親の方をにらんだ（いらだち、不満）。母親はセカセカと後かたづけを始めている。拓也は急いでご飯をかきこんだ。

土間で拓也が長ぐつをはいていると、そのわきにペチャンコになった貧相（ひんそう）なズックがあった。①きのうまで履（は）いていた物なのに、もう何年もどこかでほこりにまみれていた、きたない物に見えた（面白くない、不満、履いていくのが嫌だ）。

母親も土間におりてきて、かけてあったカッパを着た。今日じゅうに町に行って、買ってきてもらわないことには間に合わないので、拓也は片方のズックを、つまむように持ち上げて、もう一度ねだった（新しいズックを買ってほしい）。

「かあちゃん、ほれ見でみろ。俺（おれ）のズック」

母親はゴワゴワのカッパを着て、髪の毛をうるさそうに後ろになでつけた。母親がふり返ったところで、拓也は小指からかかとの方に向かって、大きく穴のあいているズックを、おおげさに開いて見せた。

（いらだち、不満、古いズックを履いていきたくない）
「バクバクだ。こんじゃ遠足にはいていかんにェ。あしただぜ、遠足」

「ん、……」

わかったのかどうか、母親はあやしい返事をして戸を開けた。

「絶対買ってな」

と、もうひとこと言おうとして、拓也も外に出た。

雨はあいかわらず降っていて、その中をカッパをすっぽり着こんだ母親が歩いていた。かさを開いていると、和子（かずこ）の母親の山本先生も家から出て来た。拓也の母親は三度もおじぎをした。山本先生は薄茶（うすちゃ）のかさをさして、クリーム色のスラックスをはいていた。黒いゴムガッパは、とろとろにぬれながら山の方に曲がって行った。

拓也のすぐわきで、はずれたといからこぼれる水が、古だるに当たって四方に散っていた。そっとかさをさし出して、雨水をうけてみた。そして、ボンボンボンという不規則なかさに当たる水の音を聞きながら、右と左にだんだんわかれていく二人をながめていた。

夕方になると、西の方にある飯豊山（いいでさん）の上の空が、少しずつ明るくなってきた。拓也はその空を見てあしたは晴れるだろうと思った。

夜になっても、父親も母親も新しいズックのことはなにも言わなかった。

新しいズックは、家のどこにもないようだった。

拓也は腹がへっていたけれど、夕飯を食わなかった。（いらだち、腹立たしい、反発）食ってやるもんか、そんな気持ちでだまっていると、

「食いたくなけりゃ、食わなけりゃいい」

と、父親がどなった。

拓也はくやしくなって、ふとんを頭からかぶって、そのまま眠(ねむ)ってしまった。

つぎの日は、遠足だということと、腹がへったので、いつもよりだいぶ早く目がさめてしまった。拓也は何回も寝返(ねがえ)りをうちながら、腹がへったのをがまんして、ホオジロの鳴くのを聞いていた。

「起きて用意すろは」

と、母親が戸の向こうから声をかけた。

「晴れたかァ」

ホオジロが鳴くので、晴れているのはわかっているけれど、きいてみた。

「日本晴れだ。早ぐ起きてご飯食えは」

いもの煮えている、うまそうな匂(にお)いがした。

起きてきた拓也を見て、母親が言った。

「これなら、今日一日ぐらい、はけるベェ」

見ると、ズックは洗ってあって、穴のあいた片方のズックが、白い糸でぬってあった。

「もうちょいで乾(かわ)ぐは」

母親は、ズックの口を火にかざして乾かしていた。

「ケエー(がっかり)、ぬったんかァ」

「もうすぐ(申し訳ない)、米売ったら新しいの買ってやっから」

「うん……」

洗ったあとが黄色くしまになって、きばんでいる線が、拓也にはボロくさくていやだったけれど、しかたないと思ってうけとった。ボロはボロだけど、前のズックよりはよっぽどましだし、なんだかうれしい気がして、母親に何か言いたく(感謝)

なった。土間におろして、そろえながら、②A「ちょっとカッコ悪いなァ」（素直になれない、照れくさい）と言って、笑ってみせた。

「なんもカッコ悪いことがあるもんか」

背中の方から聞こえてきた母親の言葉のおわりが、かすかに震えているようだった（ズックを買ってやれずに申し訳ない）。拓也は、②B言わなければよかった、と後悔した。

《物語文のマーク》にしたがって、拓也の気持ちが読み取れる箇所を中心にマーク、気持ちのメモをしてみました。多くの物語文では、主人公の気持ちが読み取れるところにマーク、気持ちのメモをすればよいですが、主人公以外にも重要と思われる人物が出てくる場合には、できるだけその気持ちにもマーク、メモしていくとよいでしょう。今回の話では、拓也の母親ですね。また、繰り返しになりますが、**気持ちを読み取るときには人物の言動を映像化してイメージすることを心がけることがコツです**。今回で言えば、60～61行目の母親の様子をしっかり映像化して気持ちを読み取りましょう。

【問一／理由問題】 拓也のズックが――部①のように見えたことを「結果」として（手順❶）、それに対する理由を説明する問題です。

▼理由問題の解き方の手順

手順❶　「○○はなぜか」「○○の理由を説明しなさい」の○○を「結果」とする。
（傍線部が「結果」になっていることが多い）

手順❷　「結果」に対する「原因・理由」を本文中から読み取る。
（原則として、物語文・随筆では「気持ち」も入れる）

手順❸　「原因・理由＋結果」の文を作り、「原因・理由」と「結果」の因果関係が正しいかどうかを確かめる。

手順❹　「原因・理由」の部分を「わかりやすい解答」に整える。（文末は「～から」）

なぜ拓也には、自分の古いズックが「きたない物に見えた」のでしょうか。
本文中からその理由を読み取ってみましょう。（手順❷）

・前々から遠足にはいていくズックを買ってくれるように頼(たの)んでおいたのに、明日が遠足だという今日になっても、まだ買ってもらえなかった（3～4行目）

（「まだ買ってもらえなかった」の横に小さく「不満」と添え書きあり）

・ゆうべも母親によく頼んでおいた（新しいズックを買ってほしい）（7行目）
・「バクバクだ。こんじゃ遠足にはいていかんにェ（いらだち、不満、古いズックを履いていきたくない）。あしただぜ、遠足」（20行目）

拓也は、遠足に履（は）いていく新しいズックを買って欲しいのに買ってもらえないことに不満を抱いていますが（3〜4行目より）、新しいズックをどうしても買って欲しく（7行目より）、それだけになおさら古いズックを履いて遠足に行くのは嫌だと思っているのですね（20行目より）。つまり、こうした気持ちがあるからこそ、余計に自分の貧相なズックが「きたない物に見え」てしまうのでしょう。ちなみに、

・「バクバクだ。こんじゃ遠足にはいていかんにェ（いらだち、不満、古いズックを履いていきたくない）。あしただぜ、遠足」（20行目）

という具体的なセリフはそのまま解答に使えないため、**［解答のルール③ 具体例は抽象化して言いかえる］**により、〈余計に古いズックで遠足に行くのは嫌だという気持ちが強まった〉などと言いかえる、こうしたプロセスはとても大切です。

さて、以上のことから、きたない物に見えた「理由」は次のように考えられそうです。

〈遠足には新しいズックを履いていきたいので、古い貧相なズックを見ると、余計に古いズックで遠足に行くのは嫌だという気持ちが強まったから〉

念のため、「原因・理由＋結果」の文を作って、因果関係を確かめましょう。（手順❸）

〈遠足には新しいズックを履いていきたいので、古い貧相なズックを見ると、余計に古いズックで遠足に行くのは嫌だという気持ちが強まったから（原因・理由）、きのうまで履いていた物なのに、もう何年もどこかでほこりにまみれていた、きたない物に見えた（結果）〉

どうですか。因果関係はよさそうですね。

今回は、これをそのまま解答とすればよいでしょう（手順❹）（なお、開成中発表の学校解答とは、言葉の言い回しでは異なりますが、解答の方向としては概ね同じだと思います）。

【解答例】

遠足には新しいズックを履いていきたいので、古い貧相なズックを見ると、余計に古いズックで遠足に行くのは嫌だという気持ちが強まったから。（66字）

【解答例】（学校解答）

普段は何とも思わないくつだが、非日常である遠足にはいていきたい、頭の中にある新しいくつのイメージとの差が意識されてしまったから。（64字）

【問二／気持ちの変化の問題】

▼気持ちの変化の問題の解き方の手順

手順❶　「変化後の気持ち」を読み取る。

手順❷　「変化後の気持ちの理由（変化のきっかけ）」を本文中から読み取る。

手順❸　「変化前の気持ち」を読み取る。（「変化後の気持ち」の逆になっていることが多い）

手順❹　「変化前の気持ちの理由」を本文中から読み取る。

手順❺　「変化前の気持ちの理由＋変化前の気持ち＋変化後の気持ちの理由（変化のきっかけ）＋変化後の気持ち」で解答を書く。

「気持ちの変化の問題」では、「変化前」と「変化後」について、それぞれの気持ちを「理由＋気持ち」で書きます。「気持ち問題」を二つつなげたイメージですね。なお、右の「解き方の手順」では、「変化後」を先に考え、その後で「変化前」を考えるとしていますが、問題によっては「変化前」を先に考え、その後で「変化後」という手順でも構いません。要するに、やりやすいようにやればいいです。今回は「変化**前**」から考えた方がやりやすそうなので、まずは「変化**前**の気持ち」から考えてみます。（手順❸と手順❹）

一読目にマークをした箇所に着目しながら拓也の気持ちを見ていくと、新しいズックを買って欲しかった拓也は、穴のあいたズックを母が糸で縫（ぬ）ったことにがっかりしながらも、

・ボロはボロだけど、前のズックよりはよっぽどましだし、なんだかうれしい気がして、母親に何か言いたくなった。（56～57行目）

とあるように、〈うれしい気持ち〉と〈感謝の気持ち〉を抱きます。しかし、その気持ちとは裏腹に、

・「ちょっとカッコ悪いなァ」

と言って、笑ってみせた。（58～59行目）

というように、〈素直になれない〉〈照れくさい〉気持ちから、つい憎まれ口をきいてしまいます。こういう素直になれず、照れ隠しからつい強がりを言ってしまうという言動は（特に男の子の場合）よくありますので、ぴんと来なかった人はぜひ覚えておきましょう。

さて、ここまでの拓也の「変化**前**の気持ち」を「理由＋気持ち」でまとめてみると、次のようになるでしょう。

【変化前】〈ズックをぬってもらったことがうれしく、感謝の気持ちがわいてきたが、それを母に伝えるのが照れくさい気持ち〉

次に「変化**後**」です。（手順❶と手順❷）

素直になれずに、照れくささからつい憎まれ口をきいてしまった拓也ですが、――部②B「言わなければよかった」と、後悔します。では、なぜ拓也は後悔したのでしょうか。その理由を読み取りましょう。――すると、その直前に、

・「なんもカッコ悪いことがあるもんか」

背中の方から聞こえてきた母親の言葉のおわりが、かすかに震えているようだった。（60〜61行目）

とありますね。つまり、拓也は「かすかに震えている」母の声を聞いて、母もまた新しいズックを買ってあげられないことを申し訳なく思っているのだと知るのですね。拓也はそんな母を傷つけたことを後悔しているのです。「なんもカッコ悪いことがあるもんか」と言った母親の声がかすかに震えていたという場面から、母親の拓也に対する申し訳ない気持ちを読み取ることができましたか。こういうところは、**その場面を映像化して気持ちをイメージすることが**大切ですよ。――では、「変化後」の気持ちを「理由＋気持ち」でまとめてみましょう。

【変化後】〈自分の憎まれ口に対する母の様子を見て、母もズックを買ってやれずに申し訳なく思っていると知り、そんな母を傷つけてしまったことを後悔した〉

最後に、これまで考えてきた【変化前】と【変化後】をわかりやすい解答にまとめます。（手順❺）

字数制限のために大きく縮めましたが、〈うれしさ〉〈感謝〉〈照れくささ〉といった気持ちの言葉はしっかり解答に入れていきたいところです。この問題でも、《物語文のマーク》が大きく役立っていることがわかると思います。

【解答例】

ズックをぬってもらったうれしさと感謝を伝えるのが照れくさくて憎まれ口をきいたが、ズックを買えずに申し訳なく思っている母を傷つけてしまい〔後悔した。〕（67字）

【解答例】（学校解答）

くつが遠足にはいていけるくらいになったことがうれしく、照れ隠ししながら感謝を伝えたつもりが、くつを買えない母親を責めたかたちになってしまい〔後悔した。〕（69字）

【練習問題28】随筆・開成中（二〇二一年）

次の文章を読んで、後の問いに答えなさい。

みかん栽培を生業としていた永田照喜治氏は、若い頃から植物をよく観察する人だったという。あるとき永田氏は、過酷な土地に植えられたみかんのほうが、肥沃な土地に植えられたみかんより甘くておいしいことに気づく。そこで彼は肥沃な土地を手放し、石だらけの海沿いの土地を購入して、単独でみかんの開発に挑んだ。最低限の肥料と水で、植物が本来持っている力を最大限まで引き出そうと試行錯誤をくり返したのだ。まわりの人はさんざん永田氏を非難したが、彼はまったく動じなかった。やがてその研究は国内最高峰の学者たちに認められ、水に沈み、フルーツのような甘さを誇るトマトや、生で食べられるタマネギなどを生む「永田農法」へとつながっていく。まさに「非属の農夫」とも言える永田氏は、いまなんとロボットによる農業に取り組んでいるという。野外での過酷な肉体労働があたりまえの農業を、快適で安全に楽しくできるものに変えようとしているのだ。

「農地はただ必死に耕せばいいのではない」と永田氏は言う。体に悪いうさぎ跳びを野球少年にさんざんやらせてきたように、この国ではよく、考えずに意味のない努力をさせがちだ。そして、その根拠はたいがい「みんながしているから」である。

野球はどちらかといえば瞬発系の「速筋」スポーツなのに、いまだにただひたすら走らせるなど、やみくもに「遅筋」を鍛えさせているコーチが多いと聞く。

永田氏はかつて特攻隊にいた。「みんながしているから」と、お国のために死んでいく仲間を見てきたのだろう。もし彼がずっと常識や伝統といったものに従っていたら、僕たちはいつまでも水っぽくてすっぱいトマトしか食べられなかったのかもしれない。

人生で自分が使えるエネルギーには限界がある。そうなると、どの部分にエネルギーを注ぐべきかを考えなくてはならない。

本質的なことを考えずに、群れのなかをうまく泳ぎ切ることだけにエネルギーを注いでしまうと、もはや自分の人生を好転させることはむずかしくなってしまう。たとえチェーン店で身を粉にして働いたとしても、店長以上の待遇はなかなか望めないだろう。成功して莫大な収入を得ることも、海外で新しい出会いがあったり、密かに抱えていた夢がかなったりするようなこともない。携帯電話でも買うように仕事を選ぶと、知らないうちに「意味のないうさぎ跳び」や「耕さなくてもいい畑を必死に耕す」羽目になりかねないのだ。もちろん成功しているチェーン店で商売のイロハを学びたいとか、将来的には本部の社長になりたいという人もいるだろう。しかし大半の人は、「ただなんとなく有名だから」といった漠然とした理由で①定置網にはまり、そのなかでうさぎ跳びをしながら、出る杭に嫉妬している。ただ、そんな人ほど「真面目に一生懸命生きている」ように見えるから人生は恐ろしい。自分で考えたり、行動することを怠けているにもかかわらず、だ。そんな人が「俺だって朝から晩まで頑張っているんだ」なんて食ってかかってきても、肝心のところで怠け者なのだから、相手にしなくていいだろう。ここまできて、「うさぎ跳び選手の努力」を称える気にはなれない。

知り合いの漁師がみんな、「魚が捕れない」と言う。環境問題が背景なのはわかってはいるものの、実際に海に出て釣りをしてみると、深刻さはここ数年、身に沁みる。

ところで、そんなときに②どうしても向かってしまいがちなのが、「かつて大量に魚が捕れた漁場」だろう。ところが、「いま」はすでに「かつて」ではなく、その後、幾度にもわたって大量の人間が押しかけ、おまけにゴミや廃液まで流し込んで小魚すら住めなくなっている可能性が高い漁場だったりするのだ。

パチンコに行って少しの時間で大儲けした人は、その後、その何十、何百倍もの時間と財産をつぎ込んでしまう。それを人生のささやかな冒険と言うならば仕方ないが、自分が銀行員になって、それなりに安定した幸せな人生を過ごせたからといって、「なにがなんでも銀行員になれ」と子供に指図するのは筋違いだ。時代が移り変わっていることに無自覚だと、親子ともども不幸になる可能性がある。これも思考停止という習慣が生んだ結果だ。かつての漁場にはもはや魚はいないと考えるべきだろう。

『非属の才能』（山田玲司著・光文社新書）

問一　――部①「定置網にはまり、そのなかでうさぎ跳びをしながら、出る杭に嫉妬している」とありますが、どういうことですか。「に嫉妬しているということ。」につながるように、四十字以上、六十字以内でわかりやすく説明しなさい。

問二　――部②「どうしても向かってしまいがちなのが、『かつて大量に魚が捕れた漁場』だろう」とありますが、どうして「かつて大量に魚が捕れた漁場」に向かってしまうのか、三十字以上、五十字以内で説明しなさい。

【練習問題28／解説】 随筆・開成中（二〇二一年）

【論説文のマーク ＋ 物語文のマークによる本文の一読目のマーク例】

みかん栽培を生業としていた永田照喜治氏は、若い頃から植物をよく観察する人だったという。あるとき永田氏は、過酷な土地に植えられたみかんのほうが、肥沃な土地に植えられたみかんより甘くておいしいことに気づく。そこで彼は肥沃な土地を手放し、石だらけの海沿いの土地を購入して、単独でみかんの開発に挑んだ。最低限の肥料と水で、植物が本来持っている力を最大限まで引き出そうと試行錯誤をくり返したのだ。まわりの人はさんざん永田氏を非難したが、彼はまったく動じなかった。やがてその研究は国内最高峰の学者たちに認められ、水に沈み、フルーツのような甘さを誇るトマトや、生で食べられるタマネギなどを生む「永田農法」へとつながっていく。**まさに**「非属の農夫」とも言える永田氏は、いまなんとロボットによる農業に取り組んでいるという。野外での過酷な肉体労働があたりまえの農業を、快適で安全に楽しくできるものに変えようとしているのだ。

「農地はただ必死に耕せばいいのではない」と永田氏は言う。体に悪いうさぎ跳びを野球少年にさんざんやらせてきたように、この国ではよく、考えずに意味のない努力をさせがちだ。そして、その根拠はたいがい「みんながしているから」である。

野球はどちらかといえば瞬発系の「速筋」スポーツなのに、いまだにただひたすら走らせるなど、やみくもに「遅筋」を鍛えさせているコーチが多いと聞く。

永田氏はかつて特攻隊にいた。「みんながしているから」と、お国のために死んでいく仲間を見てきたのだろう。もし彼がずっと常識や伝統といったものに従っていたら、僕たちはいつまでも水っぽくてすっぱいトマトしか食べられなかったのかもしれない。

人生で自分が使えるエネルギーには限界がある。そうなると、どの部分にエネルギーを注ぐべきかを考えなくては**ならない**。［主張表現・強調表現］

［具体例の前後のまとめ部分］本質的なことを考えずに、群れのなかをうまく泳ぎ切ることだけにエネルギーを注いでしまうと、もはや自分の人生を好転させることはむずかしくなってしまう。たとえチェーン店で身を粉にして働いたとしても、店長以上の待遇はなかなか望めないだろう。成功して莫大な収入を得ることも、海外で新しい出会いがあったり、密かに抱えていた夢がかなったりするようなこともない。携帯電話でも買うように仕事を選ぶと、知らないうちに「意味のないうさぎ跳び」や「耕さなくてもいい畑を必死に耕す」羽目になりかねないのだ。もちろん成功しているチェーン店で商売のイロハを学びたいとか、将来的には本部の社長になりたいという人もいるだろう。しかし大半の人は、「ただなんとなく有名だから」といった漠然とした理由で①定置網にはまり、そのなかでうさぎ跳びをしながら、出る杭に嫉妬している。ただ、そんな人ほど「真面目に一生懸命生きている」ように見えるから人生は恐ろしい。自分で考えたり、行動することを怠けているにもかかわらず、だ。そんな人が「俺だって朝から晩まで頑張っているんだ」なんて食ってかかってきても、肝心のところで怠け者なのだから、［主張表現・強調表現］相手に**しなくていい**だろう。ここまできて、「うさぎ跳び選手の努力」を称える気にはなれない。

知り合いの漁師がみんな、「魚が捕れない」と言う。環境問題が背景なのはわかってはいるものの、実際に海に出て釣りをしてみると、深刻さはここ数年、身に沁みる。

ところで、そんなときに②どうしても向かってしまいがちなのが、「かつて大量に魚が捕れた漁場」だろう。ところが、「いま」はすでに「かつて」ではなく、その後、幾度にもわたって大量の人間が押しかけ、おまけにゴミや廃液まで流し込んで小魚すら住めなくなっている可能性が高い漁場だったりするのだ。

パチンコに行って少しの時間で大儲けした人は、その後、その何十、何百倍もの時間と財産をつぎ込んでしまう。それを人生のささやかな冒険（ぼうけん）と言うならば仕方ないが、自分が銀行員になって、それなりに安定した幸せな人生を過ごせたからといって、「なにがなんでも銀行員になれ」と子供に指図（さしず）するのは筋違（すじちが）いだ。〔具体例の前後のまとめ部分〕時代が移り変わっていることに無自覚だと、親子ともども不幸になる可能性がある。〔二〕これも思考停止という習慣が生んだ結果だ。かつての漁場にはもはや〔主張表現・強調表現〕魚はいないと考える**べき**だろう。

随筆の一読目では、《論説文のマーク》と《物語文のマーク》の両方のルールに従ってマークをしていくとよいでしょう。つまり、《論説文のマーク》によって「筆者の言いたいこと」を、《物語文のマーク》によって「筆者の気持ち」を読み取るのです。

特に本問では、「自分で考えたり、行動すること」をプラス（＋）ととらえ、「みんながしているから」「常識や伝統」「意味のないうさぎ跳び」「耕さなくてもいい畑を必死に耕す」「かつて大量に魚が捕れた漁場」といった「思考停止」をマイナス（－）ととらえる、対比的な読みができるかがポイントでしたね。

【問一／言いかえ問題／解説】――部①をわかりやすい別の言葉で説明する言いかえ問題です。

▼言いかえ問題の解き方の手順

手順❶　傍線部をいくつかの部分に分ける。

手順❷　それぞれの部分を、別のわかりやすい言葉で言いかえる。

手順❸　❷でできた文を「わかりやすい解答」に整える。

まずは次のように、――部①をいくつかの部分に分けます。（手順❶）

定置網（ていちあみ）にはまり、／そのなかで／うさぎ跳びをしながら、／出る杭（くい）に／嫉妬（しっと）している

特に「定置網にはまる」、「うさぎ跳びをする」、「出る杭」という比喩がどのようなことを表しているのかをわかりやすく言いかえる必要がありそうですね。（手順❷）

まず、「定置網にはまる」からいきましょう。

「定置網」とは、魚を捕るために、海中の定まった場所に設置する網のことです。ですから、「定置網にはまる」とは、ざっくり言うと、「（魚のように）あらかじめ設置されたものに捕まってしまう」ということを表しているのでしょう。

では、人間にとって「あらかじめ設置されたものに捕まってしまう」とはどういうことなのか。――本文をもとに考えてみましょう。もちろんこれは、あまりよくないこと（－）のはずですから、それをヒントに本文を見ていくと、

・[－]「みんながしているから」と、お国のために死んでいく（14行目）

・[具体例の前後のまとめ部分]本質的なことを考えずに、群れのなかをうまく泳ぎ切ることだけにエネルギーを注いでしまう（19行目）

といったあたりが「定置網にはまる」の例に当たりそうですね。ただ、これらは比喩表現を用いた具体例ですから、**［解答のルール② 指示語・比喩・わかりにくい表現は具体化して言いかえる］**や**［解答のルール③ 具体例は抽象化して言いかえる］**にしたがって、わかりやすく言いかえる必要があります。――部①は、仕事についての話をしていますから、たとえば次のように言いかえられそうですね。

「定置網にはまる」＝〈本質的なことを考えずにみんなと同じ仕事をする〉

では次に、「うさぎ跳びをする」とはどういうことかを考えます。これもマイナス（－）的なことでしょう。本文の次のあたりがヒントになるのではないでしょうか。

・体に悪いうさぎ跳びを野球少年にさんざんやらせてきたように、この国ではよく、考えずに意味のない努力をさせがちだ（9～10行目）

・[－]「意味のないうさぎ跳び」（22行目）

よって、**「うさぎ跳びをする」＝〈意味のない努力をする〉**だとわかりますね。

最後に、「出る杭」です。「出る杭は打たれる」＝「優れて抜け出ている人はとかく憎まれる」ということわざがありますが、ここでの「出る杭」はこの意味でしょう。「優れて抜け出ている人」というプラス（＋）の意味で用いられています。「永田農法」を生み出した永田氏のような人物のことですね。では、永田氏とはどのような人物なのでしょう。本文のプラス（＋）の表現を用いれば、

・自分で考えたり、行動すること（26行目）

を実践した成功者ということでしょう。

したがって、**「出る杭」＝〈自分で考えて行動することで成功した人〉**と言いかえられます。

さて、これまで考えてきた「定置網にはまる」、「うさぎ跳びをする」、「出る杭」の言いかえをもとに、――部①を言いかえた文を確認してみましょう。ちなみに「そのなかで」「嫉妬している」はそのままでも意味が通りますから、特に言いかえなくともよいでしょう。

定置網（ていちあみ）にはまり、／そのなかで／うさぎ跳びをしながら、／出る杭（くい）に／嫉妬（しっと）している

↓

本質的なことを考えずにみんなと同じ仕事をし、／そのなかで／意味のない努力をしながら／自分で考えて行動することで成功した人に／嫉妬している

あとは「に嫉妬しているということ。」につながるように、右の文をわかりやすく整えれば終了です。（手順❸）

【解答例】

本質的なことを考えずにみんなと同じ仕事をし、意味のない努力をしているにもかかわらず、自分で考えて行動することで成功した人〔に嫉妬しているということ。〕（60字）

【解答例（学校解答）】

周りに合わせてこれまでと同じように行動し、無駄な努力をしながら、自分の考えを持つ優秀な人〔に嫉妬しているということ。〕（44字）

自分でそれをやる意味を考えずに無駄な努力をしている人が、自分で本質的なことをよく考えて努力して成果を出している人〔に嫉妬しているということ。〕（56字）

周りがそうしているからという理由で周りと同じ努力をしているつもりの人が、一人変わったことをして結果を出す人〔に嫉妬しているということ。〕（53字）

【問二／理由問題／解説】 理由問題です。

▼理由問題の解き方の手順

手順❶　「〇〇はなぜか」「〇〇の理由を説明しなさい」の〇〇を「結果」とする。（傍線部が「結果」になっていることが多い。）

手順❷　「結果」に対する「原因・理由」を本文中から読み取る。（原則として、物語文・随筆では「気持ち」も入れる）

手順❸　「原因・理由＋結果」の文を作り、「原因・理由」と「結果」の因果関係が正しいかどうかを確かめる。

手順❹　「原因・理由」の部分を「わかりやすい解答」に整える。（文末は「～から」）

「『かつて大量に魚が捕れた漁場』に向かってしまう」を「結果」として（手順❶）、それに対する「理由」を本文中から読み取ります（手順❷）。

――部②の後を読むと、筆者は、「魚が捕れない」ときに「かつて大量に魚が捕れた漁場」に向かってしまうのは、

・パチンコに行って少しの時間で大儲け（おおもう）した人は、その後、その何十、何百倍もの時間と財産をつぎ込んでしまう。（36行目）

・自分が銀行員になって、それなりに安定した幸せな人生を過ごせたからといって、「なにがなんでも銀行員になれ」と子供に指図（さしず）する（37～38行目）

などと同じ構造だと述べています。これら三つの具体例から「理由」を考えると、本文に、

・[具体例の前後のまとめ部分]時代が移り変わっていることに無自覚（38〜39行目）
・[二]思考停止という習慣が生んだ結果だ（39行目）

という「解答の根拠」が見つかりますね。ここからひとまず、〈時代が移り変わっていることに無自覚で、思考停止してしまっているから〉……（ア）という「理由」を引き出すことができます。

念のため、この「理由」と「結果」の部分をつないでその因果関係を確かめてみると、次のようになります。（手順❸）

〈時代が移り変わっていることに無自覚で、思考停止してしまっているから（原因・理由）、かつて大量に魚が捕れた漁場に向かってしまう（結果）〉

どうですか？　いまいち因果関係がピンと来ないように感じませんか。

おそらくその理由は二つありそうです。一つはここでいう「思考停止」とはどのようなことかがよくわからないため。二つ目は、なぜ「思考停止」すると「かつて大量に魚が捕れた漁場に向かってしまう」のか、そのつながりがわかりづらいため。したがって、これらをもう少し考える必要がありそうです。

では、一つ目。ここでいう「思考停止」とは、どのようなことなのかを考えます。（**［解答のルール②　指示語・比喩・わかりにくい表現は具体化して言いかえる］**）

「思考停止」とは一般に、「考えたり判断したりすることをやめてしまう状態」のことですね。この場合、

・かつての漁場にはもはや魚はいないと考えるべき［主張表現・強調表現］（39～40行目）

なのに、そう考えられないことを指しているのでしょう。つまり、次のように言いかえることができます。

〈思考停止してしまっている〉＝〈かつての漁場にはもはや魚はいないと考えられずにいる〉……（イ）

次に二つ目。なぜ「思考停止」すると「かつて大量に魚が捕れた漁場に向かってしまう」のかを考えてみましょう。するとと、

・そんなとき（＝魚が捕れないとき）にどうしても向かってしまいがちなのが、「かつて大量に魚が捕れた漁場」だろう。（33行目）

・パチンコに行って少しの時間で大儲け（おおもう）けした人は、その後、その何十、何百倍もの時間と財産をつぎ込んでしまう。（36行目）

・自分が銀行員になって、それなりに安定した幸せな人生を過ごせたからといって、「なにがなんでも銀行員になれ」と子供に指図（さしず）する（37～38行目）

といった具体例から読み取ることができるのではないでしょうか。**［解答のルール③ 具体例は抽象化して言いかえる］**により、これらの具体例に共通していることを考えてみると、たとえば次のように言いかえられそうですね。

〈過去の成功体験に頼ってしまうから〉……（ウ）

さて、これまでに考えてきたことをまとめてみます。

・〈時代が移り変わっていることに無自覚で、思考停止してしまっているから〉……（ア）

・〈思考停止してしまっている〉＝〈かつての漁場にはもはや魚はいないと考えられずにいる〉……（イ）

・〈過去の成功体験に頼ってしまうから〉……（ウ）

そしてこれら（ア）～（ウ）をもとにすると、〈時代が移り変わっていることに無自覚で、かつての漁場にはもはや魚はいないと考えられず、過去の成功体験に頼ってしまうから〉という「理由」が得られます。

念のため、「結果」につなげて因果関係を確認しておきましょう。（手順❸）

〈時代が移り変わっていることに無自覚で、かつての漁場にはもはや魚はいないと考えられず、過去の成功体験に頼ってしまうから（原因・理由）、かつて大量に魚が捕れた漁場に向かってしまう（結果）〉

因果関係は正しいと読めますので、最後に字数制限も考慮の上、解答として整えれば終了です。（手順❹）

理由問題なので、文末は「から」ですね。（**［解答のルール④ 文末表現に注意する］**）

【解答例】 時代の変化に無自覚なため、かつての漁場にはもはや魚がいないと考えられず、過去の成功体験に頼るから。（49字）

【解答例】 時代や環境が変わっているのに、かつての成功体験にとらわれているから。（34字）

（学校解答） 時代が変化したことに無自覚で、思考停止という習慣により、かつての成功体験を再現しようと思うから。（48字）

付録1　ルールとパターンのまとめ

■論説文のマーク（＝筆者の言いたいことを読み取るためにマークすべきところ）

①主張表現・強調表現
②具体例の前後のまとめ部分
③問いと答え
④言葉の定義
⑤対比
⑥キーワード
⑦譲歩構文と「むしろ」

■物語文のマーク（＝登場人物の気持ちを読み取るためにマークすべきところ）

❶登場人物の情報
❷登場人物の気持ち

■解答のルール（＝わかりやすい解答にするためのルール）

①主語・述語・目的語のわかりやすい文にする。
②指示語・比喩・わかりにくい表現は具体化して言いかえる。
③具体例は抽象化して言いかえる。
④文末表現に注意する。

■傍線部のルール（＝傍線部を理解するためのルール）

❶傍線部を含む一文は丁寧に読む。
❷傍線部はいくつかの部分に分けて考える。
❸傍線部内の指示語・比喩・わかりにくい表現は具体化して言いかえる。
❹傍線部内の言葉と同じ言葉・似た言葉に注目する。
❺傍線部内に省略された主語・述語・目的語を補う。

■記述問題のパターン

1 言いかえ問題…傍線部の言葉を別の言葉でわかりやすく説明する問題

手順❶　傍線部をいくつかの部分に分ける。
手順❷　それぞれの部分を、別のわかりやすい言葉で言いかえる。
手順❸　❷でできた文を「わかりやすい解答」に整える。

2 理由問題…ものごとの因果関係を説明する問題

手順❶「〇〇はなぜか」「〇〇の理由を説明しなさい」の〇〇を「結果」とする。

（傍線部が「結果」になっていることが多い）

手順❷「結果」に対する「原因・理由」を本文中から読み取る。

（原則として、物語文・随筆では「気持ち」も入れる）

手順❸「原因・理由＋結果」の文を作り、「原因・理由」と「結果」の因果関係が正しいかどうかを確かめる。

手順❹「原因・理由」の部分を「わかりやすい解答」に整える。（文末は「〜から」）

3 まとめ問題…ものごとの違いや共通点、またはその内容をまとめる問題

手順❶説明すべき部分を本文中から見つける。（具体例ではなく、具体例をまとめた部分から）

手順❷❶で見つけた部分を「わかりやすい解答」としてまとめる。

4 気持ち問題…人物の気持ちやその変化を説明する問題

手順❶言動・情景描写から「気持ち」を読み取る。（映像化してイメージする）

手順❷その「気持ち」になった「理由」を本文中から読み取る。

手順❸「理由＋気持ち（結果）」の文を作り、「理由」と「気持ち（結果）」の因果関係が正しいかどうかを確かめる。

手順❹「理由＋気持ち」を「わかりやすい解答」に整える。

気持ちの変化の問題

手順❶　「変化後の気持ち」を読み取る。

手順❷　「変化後の気持ちの理由（変化のきっかけ）」を本文中から読み取る。

手順❸　「変化前の気持ち」を読み取る。（「変化後の気持ち」の逆になっていることが多い）

手順❹　「変化前の気持ちの理由」を本文中から読み取る。

手順❺　「変化前の気持ちの理由＋変化前の気持ち＋変化後の気持ちの理由（変化のきっかけ）＋変化後の気持ち」で解答を書く。

気持ちの葛藤の問題

手順❶　二つの相反する「気持ちA」と「気持ちB」をそれぞれ読み取る。

手順❷　「気持ちA」の「理由A」と「気持ちB」の「理由B」をそれぞれ本文中から読み取る。

手順❸　「理由＋気持ち（結果）」の文をA、Bそれぞれ作り、「理由」と「気持ち（結果）」の因果関係が正しいかどうかを確かめる。

手順❹　「理由A＋気持ちA＋理由B＋気持ちB」で解答を書く。

付録2　よく使う気持ちの言葉50

状況	気持ちの言葉
物事がうまくいった、プラスの状況	うれしい／喜ぶ／楽しい
思うようにいかない、マイナスの状況	不満だ／悔しい／いらだつ
マイナスの状況を人や物にぶつけたいとき	怒る
嫌なこと、嫌いな人に接しているとき	不愉快だ
失敗し、自分や相手が普通よりだめだと思うとき	情けない
相手と同じ気持ちや考えのとき	共感する／親しみを抱く／親近感を覚える
相手がずっと上で、自分もそうなりたいと思う	尊敬する／あこがれる
相手のプラス状況にいらだち、認めたくないとき	うらやましい／しっとする／ねたむ
相手のマイナス状況を第三者的立場からかわいそうに思うとき	同情する／あわれむ
相手を自分より下だと思い、ばかにするとき	けいべつする／見下す／みくびる／あなどる
相手があまりにプラスすぎて、自分を下に感じる	劣等感を覚える（抱く）
自分が相手よりも上で、それを誇りに思うとき	優越感を覚える（抱く）
不安なことや心配事がなくなったとき	安心する／ホッとする
嫌なことや悩み、不快感がなくなったとき	さっぱりする／晴れ晴れする／清々しい
大変なことをやりきった、うまくいったとき	充実感／達成感／満足感／誇らしい

予想とは違っていたとき	意外だ／とまどう／困惑する
プラスだと期待していたらマイナスだったとき	がっかりする／失望する／残念に思う
悪いことをして、自分に非があると思うとき	うしろめたい／罪悪感を覚える／申し訳ない
悪いことをして、もう二度としないぞと思うとき	反省する
悪いことをして、しなければよかったと思うとき	後悔する／悔やむ
未来に起こることに、力を発揮しようと思うとき	はりきる／意気込む
未来に、プラスをしよう／プラスになろうと強く思うとき	決心する／決意する
過去や未来のマイナスに対して「大丈夫だろうか」と思うとき	不安だ／心配だ／気がかりだ
未来に起こる良いことを心待ちにしているとき	期待する／楽しみにする／待ち遠しい
○○をするかしないか苦しみながら考えているとき	悩む／困る
○○をしていいのかわからず、行動できずにいるとき	迷う／ためらう／とまどう
○○するのは無理だと思い、行動しなくなるとき	あきらめる
自分が相手よりマイナスなので、思うように行動できないとき	気が引ける／気おくれする
よくわからない出来事があったとき	不思議に思う
何か違うような気がするとき	違和感を覚える／けげんに思う
予想外の出来事に接したとき（プラス、マイナス）	驚く
予想外の出来事に、心が強くゆさぶられたとき	動揺する／衝撃を受ける
予想外の出来事に、体の力が抜けて、何も行動できなくなるとき	あぜんとする／ぼうぜんとする

状況	言葉
自分の非を認めず、自分の意見を押し通すとき	意地を張る／意地になる
心では自分の非を認めながらも、その反対をよそおっているとき	強がる／素直になれない
自分に力がなく、何もできないと感じるとき	無力感を覚える
自分や自分に近い人が優れていることを示せたとき	誇らしい／得意になる
失敗などをして、自分で自分が嫌になるとき	自己嫌悪
相手のプラス面を大いに認めているとき	感心する
相手にしてもらったことをありがたく思い、お礼を伝えたいとき	感謝する
相手の言動に納得がいかず、素直に受け入れられないとき	反発する／反感を抱く
相手のマイナス状況を少しでもやわらげたいとき	なぐさめる／いたわる
相手を元気づけ、少しでもプラス状況にしたいとき	応援する／はげます
マイナスだと思っていたらプラスだったとき	見直す
子供や動物の無邪気な様子を見たとき	ほほえましい
大人が自分の子供や孫に強い愛情を感じたとき	いとおしい
素晴らしいものに触れ、強く心が動かされたとき	感動する
悲しさ、さみしさ、恋しさがからみあい、胸が苦しくなるとき	せつない
自分の思うようにいかず、気持ちが晴れないとき	もどかしい／はがゆい
失敗を見られた／人より劣っていると思う／好きな人と関わるとき	恥ずかしい

◆著者プロフィール◆

若杉朋哉（わかすぎともや）

1975年、東京都生まれ。
埼玉県立浦和高等学校、慶應義塾大学文学部哲学科卒。
記述問題対策に特化した中学受験国語専門塾「若杉国語塾」代表。
趣味は俳句。

■主な著書■
『中学受験国語 記述問題の徹底攻略』
『中学受験国語 選択肢問題の徹底攻略』
『中学受験国語 記述の技術 40』

中学受験国語
記述問題の徹底攻略
演習編

2023年 5 月 20日　　初版第 1 刷発行

著　者　若杉朋哉
編集人　清水智則　発行所　エール出版社
〒101-0052　東京都千代田区神田小川町 2-12　信愛ビル 4 F
電話　03(3291)0306　　FAX　03(3291)0310
メール　edit@yell-books.com

＊乱丁・落丁本はおとりかえします。

＊定価はカバーに表示してあります。

ISBN978-4-7539-3547-5